DURCH BERLIN
MIT DEM SCHIFF

ARMIN GEWIESE · ULRIKE DÖMELAND

Durch BERLIN mit dem Schiff

Die schönsten Ausflugstouren

berlin edition im
be.bra verlag

Mehr Informationen im Internet

Bibliografische Information der Deutschen Nationalbibliothek
Die Deutsche Nationalbibliothek verzeichnet diese Publikation in der Deutschen Nationalbibliografie; detaillierte bibliografische Daten sind im Internet über http://dnb.d-nb.de abrufbar.

KulturBrauerei Haus 2
Schönhauser Allee 37, 10435 Berlin
post@bebraverlag.de
Lektorat: Marijke Topp, Berlin
Umschlag: hawemannundmosch, Berlin (Titelbild: photowahn/Fotolia.com)
Satzbild: Friedrich, Berlin
Schrift: Minion Pro 9/11 pt
Druck und Bindung: Finidr, Český Těšín
ISBN 978-3-8148-0209-1

www.bebraverlag.de

Inhalt

Berlin – Weltstadt am Wasser 9

Fahrtrouten der Personenschifffahrt 14
Durch die Innenstadt – Cityfahrt – Historische Stadtkernfahrt – Abendfahrt – Brückenfahrt

Die Kultur- und Industriestrecke 18
Von Köpenick nach Treptow
Rathaus Köpenick – Schloss Köpenick – Regattastrecke Grünau – Industriestrecke Schöneweide – FEZ: Freizeit- und Erholungszentrum – Spreefähre

Berlins Schifffahrtszentrum 24
Rund um Alt-Stralau und Treptow
Alt-Stralau – Rummelsburger See – Hafen Treptow – Treptower Park

Treptows Towerstrecke 28
Vom Osthafen zur Mühlendammschleuse
Treptowers und Twin Towers – Von der Arena zum Freischwimmer – Osthafen – Oberbaumbrücke – East Side Gallery und Mercedes-Benz Arena – Heeresbäckerei-Kultur – Zukunftsenergie und Mediaspree – Trias-Bürogebäude – Zwischen Jannowitzbrücke und Mühlendamm – Märkisches Museum – Historischer Hafen – Fischerinsel – Am Mühlendamm

Durch den historischen Stadtkern 42
Vom Nikolaiviertel bis zur Museumsinsel
Nikolaiviertel – Nikolaikirche – Ephraim-Palais – Alexanderplatz – Fernsehturm–Rotes Rathaus – Haus der Deutschen Wirtschaft – Marstall – Humboldtforum – Berliner Dom – Museumsinsel – Zeughaus und Neue Wache

Die Regierungsstrecke 54
Zwischen Bahnhof Friedrichstraße und Schloss Bellevue
Friedrichstraße – Schiffbauerdamm – Berliner Ensemble – Vom Presse- und Informationszentrum zum Unterbaum – Reichstag – Spreebogen und »Band des Bundes« – Charité und Hauptbahnhof – Verkehrstunnel unter der Spree – Vom Tiergarten nach Moabit – Schloss Bellevue und Bolle-Viertel – Hansa-Viertel

Schlösser an der Havel 66
Von Berlin nach Potsdam
Architektur im Spreedoppelbogen – Spreekreuz – Industriegiganten – Spreemündung – Schleuse Spandau – Tegeler See – Insellandschaft – Wannseerundfahrt – Neu-Babelsberg – Potsdam – Potsdamer Schlösser – Havelseen-Rundfahrt – 7-Seen-Rundfahrt – Ausflugsfahrt von Wannsee nach Werder – Schlösser-Rundfahrt

Auf dem Landwehrkanal 84
Von Charlottenburg nach Kreuzberg
Am Salzufer – Technische Universität – Charlottenburger Tor und Schleuseninsel – Bauhausarchiv und Diplomatenviertel – Kulturforum – Potsdamer Platz – Verkehrs- und Technikgeschichte – Vom Urbanhafen zur Oberschleuse

Industriestrecke Teltowkanal 100
Von der Dahme zur Havel
Wasserstraßenkreuz – Gartenstadt Britz – Tempelhof – Von Mariendorf nach Lichterfelde – Kleinmachnow

Ins Berliner Umland und weiter weg 108
Nach Norden – Nach Osten – Nach Süden – Nach Westen

Tagestouren 109
Seenrundfahrt um die Müggelberge – Große Berlin-Potsdam-Rundtour – Zur Schleuse Woltersdorf – Ausflugsfahrt nach Rüdersdorf – Nach Neue Mühle – Ins Havelland – Nach Brandenburg

Kombinierte Fahrten mit Schiff und Bus 114
Touren zum Schiffshebewerk Niederfinow – Nach Neuruppin – Zum Werbellinsee und Kloster Chorin – Zum Scharmützelsee und nach Bad Saarow – In den Spreewald via Prieros – Nach Teupitz – Zweitagestour nach Stettin – Zweitagestour nach Magdeburg

Kombinierte Fahrten mit Schiff und Fahrrad **121**
Tagestour nach Werder – Mehrtagesrundtour Berlin-Potsdam-Berlin – Mehrtagestour nach Stralsund

Flusskreuzfahrten **123**
Zur Elbe nach Hamburg oder Dresden und Prag – Zur Oder und Ostsee – Auf der Oder nach Schlesien – Zur Mecklenburgischen Seenplatte

Serviceteil **129**
Über die Autoren **143**
Abbildungsnachweis **143**

Berlinsymbol: Der Fernsehturm

Berlin – Weltstadt am Wasser

Den Ortsnamen Berlin gibt es über 100 Mal in der Welt. Das größte und schönste Berlin ist allerdings die deutsche Hauptstadt mit ihren 3,5 Millionen Einwohnern – eine Stadt am Wasser und im Grünen. Über 400.000 Straßenbäume lockern das Stadtbild auf, spenden im Sommer Schatten und verbessern die Luft. Dazu kommen zahlreiche Parks und Gärten, unter ihnen der Tiergarten im Herzen Berlins. Obwohl die Metropole, die sich auf rund 892 Quadratkilometern ausdehnt, nach der deutschen Wiedervereinigung 1990 einen enormen Entwicklungsschub erfuhr, hat sie sich zahlreiche Räume mit einem enormen Freizeit- und Erholungswert erhalten, die sich vor allem entlang der vielen Wasserläufe befinden. Jährlich kommen mehr als elf Millionen Besucher nach Berlin. Ein Viertel von ihnen erkundet die Stadt auch vom Wasser aus – eine der reizvollsten Arten für eine Stadtrundfahrt, die auch Einheimische immer wieder für sich entdecken. Die Integration der einstigen »Inselstadt«, die von 1961 bis 1989 durch die Mauer geteilt war, in das neue »Haus Europa« lässt sich aus dieser Perspektive besonders eindrucksvoll nachvollziehen.

Städte, die an Wasserläufen liegen, haben ein besonderes Flair. Sieben Prozent des Berliner Stadtgebietes bilden Wasserflächen. Auch wenn dem auf dem Landweg Reisenden die Nähe zum Wasser nicht immer sofort ins Auge springen mag, verweisen umgangssprachliche Ortsnamen wie »Spreeathen« (geprägt vor 300 Jahren in Anspielung auf die großen kulturellen Leistungen Friedrichs I.) oder Wohnviertel wie Neu-Venedig (ein Quartier an der Müggelspree im Stadtbezirk Köpenick) auf die besondere Bedeutung des nassen Elements in der Metropole. Ja sogar Berlins Fußball-Erstligist Hertha BSC erinnert mit seinem Namen an Dampfschifffahrt und Wasserstraßen: Während einer Schiffstour im Jahr 1892 wurde an Bord des Ausflugsdampfers »Hertha« der bis heute erfolgreiche Sportverein gegründet.

Berlin liegt am Zusammenfluss von Havel, Spree und Dahme und besitzt daher ein weit verzweigtes Wasserstraßennetz mit schiffbaren Strecken von über 180 Kilometern, von denen im Laufe der Jahrhunderte viele künstlich angelegt worden sind. Die Uferlänge aller Flüsse, Seen und Kanäle der Stadt beträgt insgesamt mehr als 600 Kilometer. Zum Vergleich: Das S-Bahnnetz hat eine Länge von rund 330, das U-Bahnnetz von rund 146 Kilometern. Die Wasserstraßen sind den Schienenwegen also durchaus ebenbürtig und so mancher Autofahrer, der während der Rush Hour im Stau steht, mag sich ohnehin wünschen, er sei mit dem Wassertaxi unterwegs.

Berlin ist sogar mit dem Meer verbunden: über den Oder-Havel-Kanal und die Oder mit der Ostsee und über den Elbe-Havel-Kanal und die Elbe mit der Nordsee. Der alte Seehafen Berlins ist Stettin, rund 160 Kilometer entfernt an der Odermündung gelegen. Nutzt der Wassertourist das europäische Wasserstraßenverbundsystem, so kann er von Berlin aus 15 Staaten unseres Kontinents er-

Berlinsymbol: Das Brandenburger Tor

reichen. Die längste Strecke mit 4.000 Kilometern führt über Mittellandkanal, Rhein, Main-Donau-Kanal und Donau bis zum Schwarzen Meer. Diese internationalen Verbindungen sind vor allem für den Güterverkehr von Bedeutung. Jährlich bringen ca. 5.300 Güterschiffe 3,5 Millionen Tonnen Fracht nach Berlin oder sorgen für deren Abtransport. In Spitzenzeiten, im Jahr 1929, waren es sogar 11,5 Millionen Tonnen Güter. Entlang des dicht verzweigten Wasserstraßennetzes in der Stadt gibt es insgesamt 66 Zugangsstellen zur Wasserstraße. Dazu gehören öffentliche Häfen, Werkshäfen und temporäre Umschlagstellen. Größter Wirtschaftshafen ist die BEHALA Berliner Hafen- und Lagerhausgesellschaft mbH mit dem Westhafen in Moabit, dem Südhafen Spandau sowie dem Neuköllner Hafen. Beim Güterverkehr zur Ver- und Entsorgung der Stadt dominiert allerdings der LKW. Er erreicht einen Anteil von 88 Prozent. Eisenbahn und Binnenschifffahrt erreichen jeweils sechs Prozent. Noch stärker als von Güterschiffen frequentiert werden die Wasserstraßen Berlins durch die Fahrgastschifffahrt und durch Sportboote. In Berlin sind 130 Fahrgastschiffe und ca. 25.000 Sportboote registriert. Auf den Berliner Gewässern tummeln sich rund 300.000 Wassersportler, die die 875 Steganlagen und Marinas sowie die anderen Anlegemöglichkeiten an den Ufern für eine aktive Freizeitgestaltung nutzen. Auch ein Teil der mehr als 50 Berliner Seen gehört zum Fahrtgebiet der Fracht-, Fahrgast- und Freizeitschifffahrt.

Doch nicht nur, wer auf der Suche nach Natur oder historischer Reminiszenz unterwegs ist, kommt auf dem Wasser auf seine Kosten. Gerade das neue Berlin lässt sich vom Wasser aus gut besichtigen. Im Folgenden soll allen Interessierten,

Spree am Hauptbahnhof

ob Besuchern, Neuberlinern oder Alteingesessenen, die Stadt aus diesem nicht alltäglichen, spannenden Blickwinkel zugänglich gemacht werden. Die wichtigsten Fahrtrouten mit insgesamt 50 Anlegern der Personenschifffahrt werden eingangs vorgestellt. Im Zentrum der Darstellung stehen die Wasserläufe, die mitten durch die Stadt führen. Am beliebtesten ist mit Sicherheit die Spreestrecke zwischen Treptow und Schloss Charlottenburg, die auch als »Wasserboulevard« bezeichnet wird. Sie führt vorbei an einer Vielzahl charakteristischer Bauten und Sehenswürdigkeiten der Stadt. Aber auch die Strecken, die nicht unbedingt die Schauseite Berlins enthüllen, zeigen dem Einheimischen und dem Touristen für die Stadt Typisches wie die ausgedehnten Industrieanlagen entlang des Teltowkanals oder in Oberschöneweide.

Darüber hinaus gibt eine Übersichtskarte Auskunft über die Wasserwege sowie sämtliche Anlegestellen der Fahrgastschifffahrt im Berliner Raum. Durch die detaillierte Darstellung des Wasserboulevards und des Landwehrkanals in Form eines Streckenbandes, das neben allen Brücken auch die wichtigsten Highlights am Wasser sowie die Nahverkehrsanbindungen enthält, erschließen sich dem Leser diese Strecken auf anschauliche Weise.

Aber die Aufmerksamkeit des Lesers soll nicht nur auf die Sehenswürdigkeiten entlang der Ufer gelenkt werden. Praktische Tipps verweisen auf Einkehrmöglichkeiten, Museen und andere Anziehungspunkte, die von den Anlegern aus leicht zu erreichen sind, in der Nähe der Wasserläufe liegen oder schöne Ausblicke auf Flüsse, Kanäle und Seen der Stadt bieten.

Mecklenburg/ Oder/ Ostsee
Havel
Tegeler-Fließ
Tegel/ Greenwich-Promenade
Tegelort
Tegeler See
Panke
Hinkeldeybrücke
Schleuse Plötzensee
Hohenzollerkanal
Nordhafen
Hauptbahnhof
Humboldthafen
BSK
Spandau
Lindenufer
WHK
Spree
CVK
Hansa-
brücke
Spandau
Freybrücke
Schlossbrücke Charlottenburg
Gotzkowskybrücke
Schloss-
brücke
Haus d. Kulturen d. Welt
Corneliusbrücke
Grand Hotel Espanade
Potsdamer Brücke
Landwehrka
Hallesches Tor
Kottbusser Brücke
Havel
Magdeburg
Gatow
Breitehorn
Kladow
Havel
Sacrow
Pfaueninsel
Wannsee
Wannsee Bhf.
Moorlake
Teltowkanal
Steglitz/
Bäkepark
Tempelhof/
Stubenrauch-
brücke
Lichterfelde
Wiesenbaude
Pentahotel
Teltow
Teltowkanal
Zehlendorf/
Knesebeckbrücke
Schleuse
Kleinmachnow
Potsdam

Anlegestellen der Fahrgastschiffe

Legende

Anlegestelle

Schleuse

Abkürzungen

WHK	Westhafenkanal
BSK	Berlin-Spandauer-Schifffahrtskanal
CVK	Charlottenburger Verbindungskanal
NSK	Neuköllner Schifffahrtskanal
BVK	Britzer Verbindungskanal

Fahrtrouten der Personenschifffahrt

Berlins wohl schönste Brücke – die Oberbaumbrücke

Mit der »Sehnsucht« nach Berlin

Für eine Stadterkundung gibt es vielfältige Möglichkeiten. Führungen werden an Land per pedes, mit der S- oder U-Bahn sowie mit dem Cabrio-Doppeldeckerbus angeboten. Die außergewöhnlichste Perspektive bietet sich dem Besucher jedoch vom Schiff aus. Auf Deck oder in den Salons der Schiffe der Weißen Flotte kann man die Großstadt und die Landschaft ohne Stau und Hektik an sich vorüberziehen lassen.

Die Schiffe der Weißen Flotte fahren auf Spree, Havel und Dahme sowie auf den sie verbindenden und ergänzenden Kanälen und den zahlreichen Seen auf insgesamt ca. 30 Routen fast das ganze Jahr über. Ergänzt wird das Linienprogramm der Fahrgastreedereien durch Charter-, Themen- und Eventfahrten. Auf dem Wasser ist es zu jeder Jahres- sowie Tages- und Nachtzeit schön. Zum Einsatz kommen in Berlin Schiffe in verschiedenstem Outfit. So kann man neben den klassischen Schiffen der Weißen Flotte auch mit Cabrioschiffen, Heckraddampfern, die an diejenigen auf dem Mississippi erinnern, historischen Fahrzeugen, die wie Piratenschiffe daherkommen, oder mit einem Schiff in der Form eines Walfisches die Wasserstraßen befahren.

Durch die Innenstadt

Am interessantesten für Wassertouristen und -sportler ist die Stadtstrecke der Spree. Die ca. 35 Kilometer lange Verbindung erstreckt sich zwischen Köpenick und Spandau. Hier finden wir Geschichte und Neuzeit auf engstem Raum. Wir fahren durch das Stadtzentrum, kommen am höchsten Punkt Berlins vorbei, dem Fernsehturm, passieren die historische Stadtmauer, durchqueren die Bereiche, in denen die innerdeutsche Grenze die Stadt teilte, sowie das Regierungs-

Paul-Löbe- und Marie-Elisabeth-Lüders-Haus

viertel und sehen die schönsten Uferpromenaden. Bei einer Boulevardtour wird sichtbar, dass der Ursprung Berlins am Wasser lag. Nachfolgend soll der Blick entlang der Ufer der Spree durch die Berliner Innenstadt geschärft werden.

Während der Fahrt sprechen die Schiffsführer und Matrosen bei ihren Erläuterungen von backbord und steuerbord und meinen damit die linke bzw. rechte Seite des Schiffes.

Cityfahrt

Die einstündige Rundfahrt startet am Dom und führt zum Haus der Kulturen der Welt. Dabei geht es vorbei an der Museumsinsel, dem Reichstagsgebäude und durch das Regierungsviertel. Berlin aus der Spreeperspektive, das ist intensiv, informativ, eindrucksvoll – und empfehlenswert für Kurzurlauber, Tagestouristen und Kurzentschlossene.

Historische Stadtkernfahrt

Diese Tour durch das Alte Berlin führt auf der Spree von der Oberbaumbrücke oder der Jannowitzbrücke bis zur Schlossbrücke in Charlottenburg. Dabei gibt es unter fachkundiger Moderation ergänzend zur Citytour weitere historische Highlights zu bestaunen wie die Mühlendammschleuse, den historischen Hafen, die Fischerinsel, das Nikolaiviertel, den Marstall, das ehemalige Stadtschloss, den Berliner Dom, die Charité, den Hauptbahnhof (früher Lehrter Stadtbahnhof), das Bundeskanzleramt, das Bolleviertel, das Schloss Bellevue (Sitz des Bundespräsidenten) und das Schloss Charlottenburg.

City-Tour während des Lichtfestivals

Abendfahrt

Die Tour durch die beleuchtete Innenstadt lässt die Highlights der City in ganz anderem Licht erscheinen. Starten kann man zu dieser ca. dreistündigen Tour von Anlegern am Märkischen Ufer, an der Mercedes-Benz Arena (früher O_2 World) oder der Jannowitzbrücke. Besonders sind die Touren während des Berliner Festival of Lights gefragt. Jährlich Ende Oktober verwandelt sich Berlin in eine Lichtmetropole. Bedeutende Bauwerke, Wahrzeichen und Plätze werden von in- und ausländischen Künstlern illuminiert. Die künstlerisch angestrahlten Gebäude lassen Berlin in einem besonders fotogenen Licht erscheinen und sind vom Wasser aus ein visuelles Erlebnis.

Abendliche Highlights sind auch die Touren zu Feuerwerken auf den Seen »Wannsee in Flammen« oder »Feuerzauber auf dem Müggelsee« im September.

Brückenfahrt

Eine der beliebtesten Stadtrundfahrten in Berlin ist die Brückenfahrt durch das Zentrum. Startpunkt für diese Tour auf der Spree ist unterhalb der Oberbaumbrücke, an der Jannowitzbrücke oder der Hansabrücke. Die Fahrt führt auf der Spree durch das Nikolaiviertel, vorbei an der Museumsinsel durch das Regierungsviertel bis zum Wasserstraßenkreuz, wo rechter Hand der Charlottenburger Verbindungskanal zum Westhafen führt und linker Hand der Landwehrkanal abzweigt. Auf der Fahrt durch den Kanal werden die Unterschleuse in Tiergarten und die Oberschleuse an der Oberbaumbrücke am Osthafen passiert. 65 Brücken werden während der 3,5-stündigen Rundfahrt unterquert. Insgesamt hat Berlin übrigens ca. 1.000 Brückenbauten und damit mehr als Venedig.

Die Kultur- und Industriestrecke

Von Köpenick nach Treptow

Schiffsanleger in Nähe des Rathauses Köpenick

In Köpenick mündet die Dahme in die Spree. Köpenick war bis 1920 im preußischen Regierungsbezirk Potsdam eine eigenständige Stadt. Sein Ursprung lag auf einer Spreeinsel, auf der sich heute das Schloss befindet. Köpenick-Treptow ist Berlins wasserreichster Stadtbezirk.

Rathaus Köpenick

Unmittelbar am Zusammenfluss von Spree und Dahme befindet sich das Köpenicker Rathaus. Von der Anlegestelle Köpenick sind es dorthin nur gut 100 Meter. Das Rathaus wurde von 1901 bis 1904 im Stil märkischer Backsteingotik errichtet und durch den Husarenstreich des Schuhmachers Wilhelm Voigt 1906 weltberühmt. Der Schuhmacher besetzte es in der Uniform eines Hauptmannes und beschlagnahmte die Stadtkasse. Heute kann man den »Hauptmann von Köpenick« nicht nur als Theaterstück erleben, sondern auch im Ratskeller des schmucken Rathauses als Wachsfigur. Empfehlenswert ist in Köpenick auch ein Spaziergang durch die unter Denkmalschutz stehende Altstadt aus der Mitte des 13. Jahrhunderts. Die winzigen Fischerhäuser sind historisch getreu restauriert. Besonders sehenswert ist die Straße mit dem Namen Kietz.

Schloss Köpenick

Das an der Dahmemündung auf einer Insel gelegene Schloss Köpenick beherbergt heute ein Kunstgewerbemuseum. Das Schloss wurde 1677 bis 1683 als Residenz Friedrich III., des Kurfürsten und späteren Königs Friedrich I. in Preußen, erbaut. Besonders sehenswert sind der Wappensaal, der Roentgensaal, die Schatzkammer und der Silberbuffetsaal. Nach Abschluss umfangreicher Sanierungsarbeiten wurde das Schloss 2004 wiedereröffnet. Es gehört heute zum Kunstgewerbemuseum Berlin und präsentiert eine Dauerausstellung zur Raumkunst aus Renaissance, Barock und Rokoko.

Regattastrecke Grünau

Grünau ist ein Ortsteil von Köpenick, der im 18. Jahrhundert südlich der Köllnischen Vorstadt als Bauernkolonie mit dem Namen »Grüne Aue« gegründet wurde. Nur unweit der Kulturstrecke im Herzen von Köpenick befindet sich

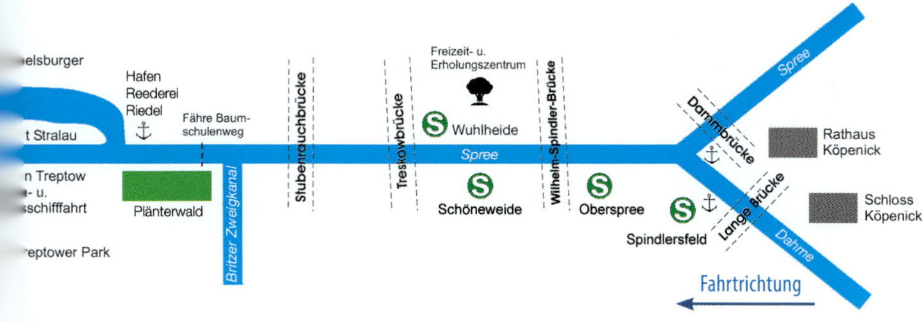

Schloss Köpenick an der Dahmemündung

etwa fünf Kilometer dahmeaufwärts die Regattastrecke. Dieser Abschnitt sowie der südlich gelegene Lange See bilden das Zentrum und die Wiege des Berliner Wassersports. Die erste Regatta fand in Grünau im Jahr 1868 statt. Mit dem späteren Bau einer Tribüne und eines Pavillons an der Regattastrecke sowie der Ausrichtung der Ruder- und Kanuwettbewerbe während der Olympischen Spiele 1936 wurde der Grundstein für den internationalen Ruf gelegt. Heute kann man die Geschichte im Wassersportmuseum Grünau an der Regattastraße nachvollziehen. Auf Grund des besonderen Flairs und des oftmaligen Besuches des deutschen Kaisers während der Regatten wird der Grünauer Uferabschnitt der Dahme auch als »Kaiserstraße des Wassersports« bezeichnet. Während sich in anderen Großstädten die besten Wohnlagen am Stadtrand im Grünen befinden, ziehen sich diese in Berlin mit unverbaubarer Sicht entlang der zahlreichen Gewässer quer durch die ganze Stadt. Das spricht für eine hohe Lebensqualität.

Etwa auf halbem Weg zwischen Regattastrecke und Dahmemündung zweigt der Teltowkanal ab. Schiffe, die von Osten über den Oder-Spree-Kanal nach Berlin kommen, müssen, wenn sie nach Westen zur Havel und Elbe wollen, nicht durch die ganze Innenstadt fahren, sondern können den kürzeren Weg über den Teltowkanal nehmen und sparen damit 16 Kilometer, das sind rund acht Stunden Fahrzeit. Die Uferlandschaft des Teltowkanals ist vorwiegend industriell geprägt. Sie wird bei der Streckenbeschreibung Teltowkanal näher vorgestellt.

Unmittelbar an dieser Kanalabzweigung entstand an der Regattastraße ein neues Wohnquartier unter dem Motto »Wohnen auf der Dahme-Terrasse«. 1870 wurden auf diesem Areal eine Färberei und eine Bleicherei gegründet. Später produzierte man hier unter dem Firmennamen Berlin-Chemie Lacke und Farben.

Tankstelle für Solarboote am Schloss Köpenick

Auf der gegenüberliegenden Dahmeseite entstand das Quartier »Wohnen am Grünen Fenster«. Das ist die sogenannte Wendenschlossseite der Dahme. Dort am Ufer sind noch Rudimente einer Yachtwerft zu erkennen. Gründer des Unternehmens war 1926 Claus Engelbrecht. Auf seiner Werft wurden Rennruderboote mit Weltruf hergestellt, die höchste sportliche Erfolge ermöglichten. Nach dem Zweiten Weltkrieg wurden hier Kutter gefertigt, die als Reparationsleistungen an die damalige Sowjetunion geliefert wurden. Später ließ man über die Slipanlage (so nennt man die schiefe Ebene, über die die Schiffe ins Wasser rutschen) Fahrgastschiffe, Bagger, Eisbrecher und Schubschiffe für die Binnenschifffahrt zu Wasser.

Über die Dahme-Wasserstraße führt zugleich eine der wichtigsten Schifffahrtslinien für den Güterverkehr zur Versorgung der Hauptstadt. Im Binnenhafen Königs Wusterhausen werden jährlich ca. 1,5 Millionen Tonnen Braunkohle aus dem Lausitzer Revier für das Kraftwerk Klingenberg in Rummelsburg umgeschlagen. Die Versorgung des Kraftwerkes erfolgt ausschließlich über den Wasserweg. Im Winter muss deshalb diese 35 Kilometer lange Strecke zwischen Königs Wusterhausen und Rummelsburg mit Eisbrechern freigehalten werden.

Industriestrecke Schöneweide

Auf einer Schiffstour von Köpenick in Richtung Innenstadt wird auch die »Industrie-Spree« in Schöneweide passiert. Oberschöneweide nördlich und Niederschöneweide südlich der Spree haben eine bewegte Industriegeschichte. Beide Berliner Ortsteile wurden 1891 erstmals durch eine Holzbrücke miteinander verbunden. Während Niederschöneweide zuerst einen Bahnhof erhielt, ist die

Schöneweide: Heute ein Standort für Lehre, Forschung und Medien

Entwicklung von Oberschöneweide eng mit der Geschichte des AEG-Konzerns verbunden. Der AEG-Gründer Emil Rathenau schuf zu Beginn des 20. Jahrhunderts in Schöneweide ein Industrieimperium der Elektro- und Metallindustrie zur Herstellung von Transformatoren. Nach dem Zweiten Weltkrieg wurden in den unter Denkmalschutz stehenden Rathenau-Hallen, im Kabelwerk Oberspree, Leitungsträger gefertigt. Kurzzeitig gab es nach 1990 durch den koreanischen Elektronikkonzern Samsung für einen Teil der Gebäude noch eine Nutzung als Produktionstätte von Fernsehröhren und Mobilfunkgeräten.

Die einstigen Produktionshallen und Verwaltungsbauten zwischen Spree und Wilhelminenhofstraße haben sich in den zurückliegenden Jahren einem weiteren Wandel unterzogen. Sie dienen heute der Lehre, Forschung und Entwicklung, Dienstleistung, Freizeitgestaltung sowie der Film- und Medienbranche. Seit 2007 verbindet auch wieder die neu errichtete Brücke für Fußgänger und Radfahrer, der »Kaisersteg«, die beiden Ortsteile in Schöneweide auf kurzem Weg. Fahrgäste der Weißen Flotte mit Interesse für Technikgeschichte können am Kaisersteg aussteigen und einer Führung an Land durch »Elektropolis« folgen.

FEZ: Freizeit- und Erholungszentrum

Ebenfalls in Oberschöneweide befindet sich in Spreenähe inmitten des großen Waldparks Wuhlheide das Freizeit- und Erholungszentrum FEZ. Hier bieten sich vielfältige Möglichkeiten für Sport- und Freizeitaktivitäten: in der Schwimm- und Sporthalle, den Theatersälen, Ballettraumen, in der Computer-Box, dem Trickfilm- und Fernsehstudio, der Raumfahrtstation, dem Kunstatelier oder auf der Öko-Insel. Mehr als eine Million Besucher werden im FEZ jähr-

Industriestrecke Rummelsburg: Kraftwerk, Zementwerk und Wartebereich für Turbinen

lich gezählt. Hauptattraktion in der Wuhlheide ist die 7,5 Kilometer lange Strecke der Parkeisenbahn mit ihren fünf Bahnhöfen. Kinder können sich dort als Bahnhofsvorsteher, Schrankenwärter oder Schaffner betätigen. Neben dem FEZ befindet sich die Kindl-Bühne Wuhlheide, eine unter Denkmalschutz stehende Freilichtbühne in Form eines Amphitheaters, wo jährlich zahlreiche Konzerte stattfinden.

Spreefähre

Folgt man der Spree weiter flussabwärts Richtung Zentrum, dann zweigt nach dem Passieren der Stubenrauchbrücke linker Hand der Britzer Zweigkanal ab. Er verbindet die Spree mit dem Neuköllner Schifffahrtskanal, der weiter in den Teltowkanal führt. Gleich hinter dem Kanalabzweig hat Berlins Wasserschutzpolizei eine ihrer Stationen und Liegeplätze für ihre Einsatzboote. Sie überwacht die Einhaltung der Wasserstraßenverkehrsordnung. Auf den Berliner Gewässern ist von allen Sportboot- und Schiffsführern eine Höchstgeschwindigkeit von zwölf Stundenkilometern einzuhalten. Am Spreebogen sind es sogar nur sechs Stundenkilometer. Da auch auf den Wasserstraßen immer mehr Raser zu verzeichnen sind, setzt die Wasserschutzpolizei neuerdings sogar Blitz- und Lasergeräte zur Geschwindigkeitskontrolle ein.

Auf der weiteren Fahrt begegnet uns jetzt Berlins älteste Fährlinie. Seit 1896 verbindet sie den Baumschulenweg in Treptow mit dem Wilhelmstrand in Köpenick. Die Fähre gehört den Berliner Verkehrsbetrieben und ist ganzjährig im Einsatz.

Berlins Schifffahrtszentrum

Rund um Alt-Stralau und Treptow

Spannbetonbrücke zur Insel der Jugend in der Spree

Die Halbinsel Alt-Stralau, die Rummelsburger Bucht mit ihren Schifffahrtseinrichtungen sowie die Heimathäfen der zwei größten Berliner Fahrgastreedereien, der Stern und Kreisschiffahrt am Treptower Park und der Reederei Riedel an der Nalepastraße, bilden das Zentrum der Berliner Weißen Flotte. Alt-Stralau, einst Fischerdorf, Werftstandort, Reedereizentrale der Deutschen Binnenreederei und durch den Stralauer Fischzug bekannt, entwickelte sich, wie die gesamte Rummelsburger Bucht, zu einem beliebten Wasserquartier.

Alt-Stralau

1358 wurde das Dorf Stralau von Berlin erworben. Seit 1574 beging man den ersten Fischzug einer jeden Fangsaison als Volksfest. Gefeiert wurde an Land und auf dem Wasser und zwar so heftig, dass sich die Stadtverwaltung 1873 behördlich gezwungen sah, den Fischzug zu verbieten.

Neben Fischerei- und Werftbetrieben, in der Blütezeit gab es davon 16, waren in Alt-Stralau auch die Brauerei Engelhardt, ein Glaswerk sowie die Forschungsanstalt für Schifffahrt, Wasser- und Grundbau ansässig.

Die Hauptverkehrsstraße auf der Halbinsel ist die Tunnelstraße. Ihren Namen hat sie von einem Straßenbahntunnel, der die Spitze von Alt-Stralau mit dem Treptower Ufer verband. Er diente als Testbau für den späteren U-Bahn-Tunnel unter der Spree zwischen den Stationen Klosterstraße und Märkisches Museum. Der Tunnel wurde zwischen 1895 und 1899 im Schildvortriebsverfahren gebaut. Er war 132 Meter lang und hatte einen Durchmesser von 3,75 Meter. Dies verlangte den Einsatz besonders flacher Straßenbahnwagen. Das Sicherheitssystem der Bahn brachte ihr den Beinamen »Knüppelbahn« ein: Anstatt einer Signalanlage gab es einen Staffelstab, der jeweils nach Durchfahren des Tunnels an die Gegenbahn übergeben werden musste. 1932 wurden die Tunnelfahrten wegen des stark rückläufigen Fahrgastaufkommens und anstehender größerer Instandsetzungsarbeiten eingestellt. Während des Krieges diente der Tunnel noch als Luftschutzbunker und wurde danach zugeschüttet.

Noch eine Rarität hat Alt-Stralau zu bieten: den »Schiefen Turm von Berlin«. Der Turm der Stralauer Dorfkirche ist durch die Bombardements 1945 um fünf Grad aus dem Lot geraten.

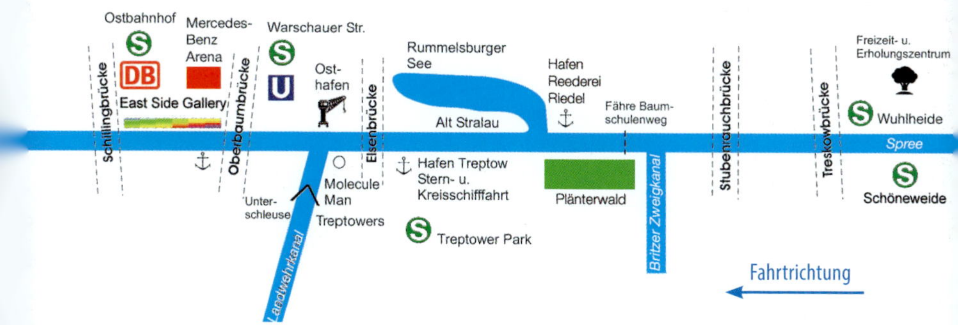

Haus Zenner am Treptower Spreeufer

Rummelsburger See

Im Rummelsburger See befinden sich Anleger und Reparaturbasen sowie eine Bunker- und Servicestation für die Schifffahrt. Ende des 20. Jahrhunderts wurde der See entschlammt, das Wasser mit Sauerstoff angereichert und am Ufer ein neuer Schilfgürtel angelegt.

Vor Einfahrt in den Rummelsburger See sind das Heizkraftwerk und das Zementwerk, die vorwiegend über das Wasser versorgt werden, zu finden.

Hafen Treptow

Unmittelbar am S-Bahnhof Treptower Park befindet sich Berlins größter Hafen für die Fahrgastschifffahrt. Er gehört der Reederei Stern und Kreisschiffahrt. Das Unternehmen wurde 1888 gegründet und hat heute über 30 Fahrgastschiffe, die auf ebenso vielen Linien im Einsatz sind.

Treptower Park

Fünf Minuten Fußweg vom Hafen entfernt befindet sich im Treptower Park das Ehrenmal für die im Zweiten Weltkrieg in der Schlacht um Berlin gefallenen 22.000 russischen Soldaten. Hier hat auch die Archenholdsternwarte, die das mit 21 Metern längste bewegliche Linsenfernrohr der Welt aufweisen kann, ihren Standort. Die Sternwarte wurde 1896 gegründet und ist heute die älteste und größte Volkssternwarte Deutschlands.

Den Treptower Park säumen zahlreiche große Bäume, vor allem Eichen und Platanen. Der Park wurde 1888 von Gustav Meyer, einem Schüler Lennés, angelegt. Von demselben Gartenbaudirektor wurde am Spreeufer der Plänterwald

Restaurantschiff Klipper mit dem Liegeplatz für Berlins Wasserflugzeug

gestaltet. In ihm wurden Bäume für die Begrünung Berlins gezogen und »geplätert«, das heißt, dass immer nur einige wenige Bäume aus dem Bewuchs genommen werden, sodass keine größeren kahlen Flächen entstehen.

Das gastronomische Highlight am Treptower Spreeufer ist das Haus Zenner. Auf dem Standort einer frühen slawischen Siedlung errichtet, erlangte das Lokal ab 1888 unter dem Pächter Rudolf Zenner eine Magnetwirkung für Ausflügler. Hier entwickelte sich eine eigene Berliner Biergartenkultur. Das Haus Zenner ist bei Wassertouristen wie bei vom Land aus angereisten Gästen bis heute ein beliebter Ausflugsort.

Wer im Garten vom Zenner sitzt, blickt hinüber zur Insel der Jugend, einer früheren Abteiinsel. Die Insel erreicht man seit 1916 über eine 76 Meter lange Brücke. Sie war die erste Stahlbetonbrücke Deutschlands.

Ebenfalls in unmittelbarer Nähe des Gasthauses Zenner liegt das Restaurantschiff »Klipper«. Es bietet in seinen beiden Gasträumen, dem ehemaligen Laderaum des Schiffes und dem Wohnraum der Schiffer, dem sogenannten Roof, ca. 90 Gästen Platz. Darüber hinaus gibt es noch eine auf Pfählen errichtete Terrasse auf dem Wasser mit 170 Plätzen. Von hier bietet sich ein herrlicher Blick auf die Spree und die Insel der Jugend sowie das gleich dahinter liegende Wasserflugzeug »Duck 01«. Die Air Service Berlin bietet von hier aus halbstündige Rundflüge mit der Cessna 206 über die Stadt an.

Treptows Towerstrecke

Vom Osthafen zur Mühlendammschleuse

Molecule Man

Treptowers und Twin Towers

Zwischen Elsen- und Oberbaumbrücke liegen der Bürokomplex Treptowers und die Twin Towers. Sehenswert auf diesem Teilstück ist die aus der Spree ragende 30 Meter hohe Metallskulptur »Molecule Man«, welche die drei Stadtteile Treptow, Friedrichshain und Kreuzberg, die hier aufeinandertreffen, symbolisieren soll. Die Skulptur wurde von dem Amerikaner Jonathan Borowsky geschaffen.

Der Hochhauskomplex mit den Bürotowers hat 34.000 Quadratmeter Nutzfläche. Früher wurden die Flächen industriell genutzt. Seit den zwanziger Jahren des 20. Jahrhunderts wurden hier durch die AEG und später zur DDR-Zeit durch das Elektroapparatewerk EAW Elektrogeräte produziert. Die noch heute vorhandenen Backsteinbauten wurden von 1928 bis 1938 von dem Architekten Ernst Ziesel erbaut.

Nach dem Umbau nutzte seit 1998 die Allianz-Versicherung die modernen Bürogebäude. Seit 2011 ist das französische Immobilienunternehmen AEW Eigentümer von Berlins mit 125 Metern höchstem Bürohaus.

Interessant ist die Gestaltung der Uferpromenade. Sie besteht aus einem Wasservorhang, den der Hamburger Landschaftsarchitekt Gustav Lange konzipierte. Auf derselben Uferseite der Spree liegen die 60 Meter hohen Twin Towers, zwei Bürohochhäuser, die sich spiegelbildlich gegenüberstehen. Sie haben einen quadratischen Grundriss und sind über einen dreigeschossigen Sockel miteinander verbunden.

Ein Relikt der Teilung Berlins findet man heute noch unmittelbar vor den Twin Towers. Es ist ein 480 Meter langer Betonsteg, der für Schiffe als Grenz- und Zollabfertigung diente. Der Steg soll restauriert, baulich ergänzt und maritim aufgewertet werden. Dazu gehören historische Schiffe, die vom Museumshafen an der Mühlendammschleuse verlegt werden sollen, neue Hotel- und Restaurantschiffe sowie Liegeplätze für Sportboote.

Von der Arena zum Freischwimmer

Gleich nach den Twin Towers zweigt der Landwehrkanal von der Spree ab. Direkt neben dem Abzweig befindet sich ein Berliner Szene-Viertel, zu dem die Arena, das Glashaus, die Hoppetosse und der Freischwimmer gehören.

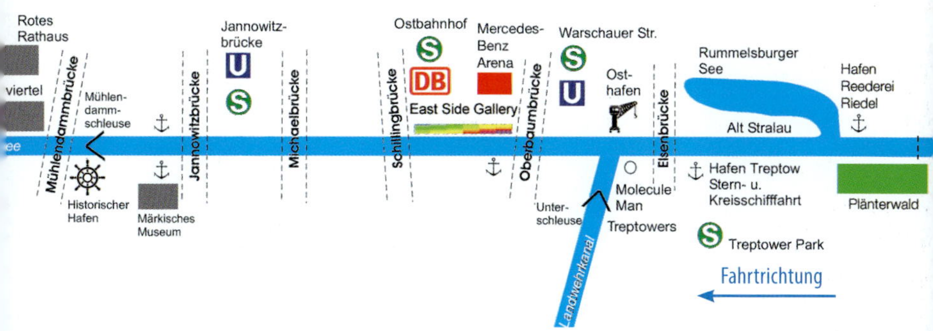

Der 125 Meter hohe Allianztower an der Elsenbrücke

Die Arena ist heute eine Veranstaltungshalle für 7.500 Personen. Sie wird auch für Ausstellungen und am Wochenende für einen Flohmarkt genutzt. 1927 wurde die Halle als Omnibushauptwerkstatt für Berlin erbaut. Während des Zweiten Weltkrieges diente sie als Panzerproduktionshalle und nach 1949 wieder als Betriebshof für Omnibusse.

In dem Glashaus finden Theaterveranstaltungen statt und wer vor oder nach den Veranstaltungen Appetit hat, der geht an Bord der Hoppetosse oder begibt sich in die Lagune zum Freischwimmer. Die Hoppetosse ist ein 80 Jahre altes Schiff, das als Salonschiff und während des Krieges als Lazarettschiff diente. Im Jahr 2000 wurde es von Greifswald nach Berlin überführt, wo es heute als Eventschiff genutzt wird.

Unmittelbar neben der Hoppetosse liegt Berlins Badeschiff. Es ist ein mit 300 Kubikmetern Wasser gefülltes Schwimmbad im Stil historischer Flussschwimmbäder. Dazu wurde 2004 ein 32,5 Meter langer und 8,2 Meter breiter Schubprahm (antriebslose Ladeeinheit) der Binnenschifffahrt umgebaut. Der Freischwimmer war ursprünglich ein Zusammenschluss von einzelnen »frei schwimmenden« Bootsanlegestellen im Lohmühlengraben, einem Umfluter zur Unterschleuse im Landwehrkanal. Heute ist er ein kleiner, feiner Ort mit Restaurant am Wasser für großstadtmüde Szenegänger im Stadtteil Kreuzberg.

Osthafen

Gegenüber den Twin Towers, der Hoppetosse und dem Badeschiff erstreckt sich zwischen Elsen- und Oberbaumbrücke auf über einem Kilometer der Osthafen. Einst wurden hier in der Spitze fast drei Millionen Tonnen Güter im Jahr umge-

Berlins Badeschiff

schlagen. Der mitten in der Stadt gelegene und 1913 eingeweihte Hafen wurde nach 90 Dienstjahren umgewidmet. Heute fungiert er als Medienhafen, Fernsehwerft, Hotel sowie Modelabel- und Verwaltungsstandort.

In einer ersten Stufe wurden das 1928 errichtete Kühlhaus und der um zehn Jahre ältere Getreidespeicher zu Büro-Lofts umgebaut. Übrigens lagerten in dem ehemaligen Kühlhaus bis zu 50 Millionen Eier gleichzeitig. Heute hat dort die Universal Music ihr Domizil. Sie ist ein Unternehmen der Universal Music Group, dem Marktführer im Musikgeschäft, und Teil eines der größten Entertainmentunternehmen der Welt (Universal Studios, Universal Pictures, Universal TV Networks, Universal Theme Parks etc.). Die Universal Music verlegte im Sommer 2004 ihren Firmensitz von Hamburg nach Berlin. Hier sitzen jetzt erstmals alle sechs Plattenlabels der Universal Group unter einem Dach. Zwei Jahre später zog es auch den Musiksender MTV von München nach Berlin an die Spree. Dazu wurde eine alte 120 Meter lange Lagerhalle zu einer modernen Sendezentrale umgebaut. Heute haben dort auch das ZDF und RTL Senderäume. Eine weitere Lagerhalle wurde 2007 für die Modemarken Hugo Boss, Tom Tailor und Esprit hergerichtet. Weitere neue Gebäude für junge Marken und Streetwear, das Hotel »nhow« und die Coca-Cola-Deutschlandzentrale folgten. Die historischen Gebäude und die erhaltenen Kräne wurden sehr gut in das neue Ensemble integriert und lassen so für jeden erkennen: Hier war einmal ein Hafen für den Güterumschlag.

Richtung Zentrum mussten die Schiffe nach dem Umschlag zunächst die Oberbaumbrücke passieren.

Der Mauerpark zwischen Oberbaum- und Schillingbrücke

Oberbaumbrücke

Mit ihren beiden zentralen Türmen bildet die 1896 errichtete Backsteingotikbrücke gewissermaßen ein Eingangstor zur Stadt. Sie wird auf drei Ebenen von Verkehrsmitteln gequert: von Schiffen auf der ersten Ebene, vom Straßenverkehr auf der zweiten und von der U-Bahn, die hier als Hochbahn fährt, auf der dritten Ebene.

Die Oberbaumbrücke verbindet auf diese Weise die beiden Stadtteile Friedrichshain und Kreuzberg. Ihren Namen verdankt sie den Baumstämmen, die hier früher nachts quer über den Strom gelegt wurden. Sie sollten verhindern, dass Fremde mit ihren Waren zollfrei die Stadt betraten. Der Ort war somit zugleich Handelstor und Zollschranke. Natürlich gab es als Pendant zum Oberbaum auch einen Unterbaum. Dieser befand sich in der Nähe des Reichstages.

Das besondere Flair der Oberbaumbrücke kann man auf der Kreuzberger Seite im Restaurant Rio Grande bei alpenländischer Küche genießen. Von den Katakomben am Ufer der Spree aus bietet sich den Gästen bei einem Essen auf Wasserspiegelhöhe ein toller Blick auf die Oberbaumbrücke. Günstige Preise und einen ebenso schönen Blick garantiert das Hotelschiff »Eastern Comfort« auf der Friedrichshainer Seite.

Ein Stückchen weiter spreeabwärts befindet sich der FluxBau, eine Veranstaltungs- und Party-Location des Radiosenders Flux FM mit einem Spreebalkon, der 50 Personen Platz und einen wunderschönen Blick auf die Spree mit Oberbaumbrücke und den alten Speicher bietet. Das abendliche Panorama und die Kreuzberger Nächte sind hier besonders schön.

An der East Side Gallery herrscht stets Hochbetrieb

East Side Gallery und Mercedes-Benz Arena

Unterhalb der Oberbaumbrücke beginnt am rechten Spreeufer die East Side Gallery, ein Stück von Künstlern gestaltete Berliner Mauer, das heute unter Denkmalschutz steht. Die über einen Kilometer lange Freiluftgalerie besteht aus einem Abschnitt der einst 155 Kilometer langen Berliner Mauer, die Ost- und Westberlin sowie NATO und Warschauer Pakt zwischen 1961 und 1989 voneinander trennte. Gleich nach dem Mauerfall brachten im Frühjahr 1990 118 Künstler aus 21 Ländern Gemälde auf dieses einst triste Stück Beton. Die Motive künden von Frieden und der Überwindung der ehemals unversöhnlichen Machtblöcke.

Direkt an der Oberbaumbrücke befinden sich zwei Party-Locations: Am Wasser das »Pirates« im historischen »Mühlenspeicher« und unter der »Gleisharfe«, an der Warschauer Straße unter dem U-Bahnhof, der »Matrix Club Berlin«.

Unmittelbar hinter der denkmalgeschützten Mauer entstand 2008 an der Mühlenstraße auf 25 Hektar ein neues Stadtquartier, in dessen Mittelpunkt Berlins größte Veranstaltungshalle steht. Sie ist eine 60.000 Quadratmeter große Mehrzweckarena mit bis zu 17.000 Plätzen, in der jährlich bis zu 300 Veranstaltungen stattfinden. Stammgäste in der Halle sind die Berliner Spitzensportvereine Die Eisbären (Eishockey) und ALBA (Basketball). Die Mercedes-Benz Arena (früher O_2 World) befindet sich in guter Nachbarschaft, denn gleich nebenan steht auch die Vertriebszentrale von Mercedes-Benz.

Für die Zuschauer ist die Mehrzweckarena optimal mit dem Nahverkehr zu erreichen, denn sie liegt genau zwischen dem Ostbahnhof und dem S-Bahnhof Warschauer Straße. Durch eine Öffnung der Mauer an der East Side Gallery be-

Mercedes-Benz Arena

steht von der Arena eine direkte Sichtachse zur Spree. Ein Anleger der Fahrgastschifffahrt mit Bistro ist zugleich Ausgangs- und Endpunkt für Wassertouristen und Besucher der Halle.

Heeresbäckerei-Kultur

Auf der Kreuzberger Seite der Spree steht neben dem alten Victoria-Speicher die Heeresbäckerei, ein 1890 eingeweihtes Ensemble aus Getreidespeicher, Mühle und Bäckerei. Hier wurden für die gesamte Berliner Garnison das Kommissbrot und der Zwieback hergestellt. Die Magazine der Heeresbäckerei mit ihren Kappendecken und gusseisernen Stützen sind in ihrer Struktur im Originalzustand erhalten. Sie werden heute für verschiedene Veranstaltungen wie Konferenzen, Ausstellungen und Modenschauen genutzt.

Zukunftsenergie und Mediaspree

Am Ende der East Side Gallery befindet sich im Gebäude des 1908 errichteten Gasmaschinenwerkes das »Energie Forum Berlin«. In dem ökologisch und energiewirtschaftlich mustergültig hergerichteten Gebäudekomplex sind Unternehmen, Verbände und Forschungseinrichtungen angesiedelt, die sich mit der umweltschonenden und regenerativen Energieerzeugung beschäftigen.Spreeabwärts ist auf der linken Seite zwischen Michael- und Schillingbrücke 2004 die neue Bundeszentrale der Gewerkschaft ver.di errichtet worden. Sie verfügt über 48.000 Quadratmeter Bürofläche und beherbergt ebenfalls die Landesvertretung Berlin dieser Spartengewerkschaft.

Die Trias Bürotürme

Trias-Bürogebäude

Nach dem Passieren der Michaelbrücke kommen auf der rechten Uferseite die 1996 fertig gestellten Trias-Türme ins Blickfeld. Es sind drei miteinander verbundene 13-geschossige Büro- und Geschäftshäuser, die einem Dreirumpfschiff ähneln. Der Volksmund nennt sie die drei Bügeleisen. Nutzer der Gebäude ist die Zentrale der Berliner Verkehrsbetriebe BVG. Zwischen den Trias-Türmen und der Spree verläuft die Fern- und S-Bahntrasse. Diese Trasse ist auf einem Viadukt gelegen und folgt streckenweise dem Verlauf der früheren Stadtmauer. Die Berliner Stadtbahn ist Europas erste Viaduktbahn und wurde 1882 in Betrieb genommen. Für die Trasse wurden ca. 740 Bögen mit Ziegeln aus dem Berliner Umland gemauert. Die S-Bahnbögen werden heute häufig gewerblich genutzt – hier befinden sich Geschäfte, Autohäuser und Restaurants.

Zwischen Jannowitzbrücke und Mühlendamm

Von der Jannowitzbrücke führt die Bahntrasse zum Alexanderplatz. Konzipiert wurde die erste Brücke Berlins außerhalb der Stadtmauer im Jahr 1822 von C. August Alexander Jannowitz, der durch die Zolleinnahmen ein reicher Mann wurde. Bis nach dem Zweiten Weltkrieg waren die Anleger unterhalb der Jannowitzbrücke die zentralen Dampferanlegestellen Berlins. Von hier aus starteten die Schiffe zu den Ausflügen in das Stadtzentrum und zum Müggelsee. In der Nachkriegszeit begab man sich hier an Bord der noch oder wieder fahrbereiten Schiffe zu den berüchtigten Hamsterfahrten nach Potsdam, Brandenburg, Fürstenwalde oder Fürstenberg/Oder. Berliner erwarben im Tauschgeschäft für Hausrat und Wertsachen Essbares zum Überleben. Darüber hinaus wurde auf

Märkisches Museum

den bereits abgeernteten Feldern nachgelesen: Ähren von der Getreide- und Knollen von der Kartoffelernte.

Heute gibt es in Berlin über 50 Anlegestellen, an denen vielfach auch unterwegs zu- oder ausgestiegen werden kann. Heimathäfen der Weißen Flotte finden wir in Berlin an der Spree in Treptow am S-Bahnhof Treptower Park und gegenüber dem Plänterwald in der Nalepastraße, am Landwehrkanal in Kreuzberg im Urbanhafen, am Tegeler See an der Greenwichpromenade und am Wannsee am gleichnamigen S-Bahnhof.

Bevor nach Durchfahren der Mühlendammschleuse die Fahrt durch den historischen Stadtkern beginnt, sehen wir zwischen Jannowitzbrücke und Mühlendammschleuse auf der linken Spreeseite die Chinesische Botschaft, das Märkische Museum, den historischen Hafen und die Fischerinsel. Das Botschaftsgebäude Chinas ist ein Umbau der ehemaligen Gewerkschaftszentrale der DDR, des FDGB-Hauses.

Märkisches Museum

Das Märkische Museum am Köllnischen Park ist auch über den gleichnamigen U-Bahnhof zu erreichen. Es sieht wie eine Kirche aus und dokumentiert die geschichtliche und künstlerische Entwicklung Berlins und der Mark Brandenburg durch die Jahrhunderte. Zu den Exponaten gehören Glas, Porzellan, Malerei, Kunstguss und Ausstellungsstücke zur Berliner Theatergeschichte. Darüber hinaus sind hier Flötenuhren, Spieldosen und Polyphone zu bewundern. Der Bau wurde in der Zeit von 1901 bis 1907 durch Ludwig Hoffmann errichtet. Bis zu dieser Zeit war die Sammlung des Märkischen Provinzialmuseums der Stadt-

Blick vom Historischen Hafen zur Mühlendammschleuse

gemeinde Berlin provisorisch in vier verschiedenen Gebäuden untergebracht. Heute stehen das Gebäude des Märkischen Museums sowie der einen Hektar große Köllnische Park unter Denkmalschutz. Ursprünglich als Garten angelegt, erlebte der Köllnische Park eine wechselvolle Geschichte: Hier entstand 1749 Berlins erste Zuckersiederei, später wurden die Gebäude als Tanklager, Hospital und Irrenanstalt genutzt. Im 19. Jahrhundert wurde der Köllnische Park zu einem Landschaftsgarten umgestaltet. Am Märkischen Ufer, auf der linken Spreeseite, zweigt der Spreekanal ab, der am Bodemuseum als Kupfergraben wieder in die Spree mündet. Zur Zeit des Großen Kurfürsten Friedrich Wilhelm hieß der Kupfergraben Friedrichsgracht.

Historischer Hafen

Unmittelbar am Abzweig des Spreekanals befindet sich Berlins Historischer Hafen. Dort liegen ca. 30 Oldtimer der Binnenschifffahrt, die besichtigt oder für Theatervorstellungen und historische Fahrten sowie Restaurantbesuche genutzt werden können.

In den Laderäumen der »Renate Angelika«, einem alten Schleppkahn, ist die ständige Ausstellung »Zur Geschichte der Binnenschifffahrt auf Spree und Havel« zu sehen. Sie zeigt sehr deutlich den engen Zusammenhang zwischen Stadtentwicklung und Binnenschifffahrt. Die einzigartige Infrastruktur der Wasserwege in und um Berlin ließ die Binnenschifffahrt über Jahrhunderte zum Verkehrsträger Nummer eins bei der Ver- und Entsorgung der Stadt avancieren. Für die Transporte wurden Berliner Maßkähne eingesetzt. Dies sind speziell für die Schifffahrtsverhältnisse auf den märkischen Wasserstraßen zugeschnittene

Historischer Hafen mit Blick zu den Hochhäusern auf der Fischerinsel

Lastschiffe. Sie waren 46 Meter lang, 6,6 Meter breit und hatten bei einem Tiefgang von 1,75 Metern eine Tragfähigkeit von 350 Tonnen. Jährlicher Höhepunkt der Berlin-Brandenburgischen Schifffahrtsgesellschaft, dem Betreiber des Historischen Hafens, ist das Hafenfest mit einem Nautiquitätenmarkt im August.

Fischerinsel

Hinter dem Historischen Hafen erstreckt sich zwischen Spree und ihrem Umgehungskanal die acht Hektar große Fischerinsel. Sie gehörte zum ältesten Teil der mittelalterlichen Stadt Cölln. Dort wohnten einst wohlhabende Fischer und Schiffer. Bis zum Zweiten Weltkrieg bewahrte die Insel ihr mittelalterlich-malerisches Flair. Die Reste der bei den Luftangriffen 1945 fast völlig zerstörten Inselbebauung wurden 1967 abgerissen. Es entstanden sieben Hochhäuser. Nur ein altes Gebäude wurde erhalten und restauriert. Es ist das Haus Friedrichsgracht Nr. 15 aus dem Jahr 1740, welches versetzt wurde und jetzt am Märkischen Ufer 12 steht. Ebenfalls eine interessante Geschichte hat das am Märkischen Ufer gelegene Ermelerhaus. Das ursprünglich in der Breiten Straße 11 stehende Haus stammt bereits aus dem Jahr 1567 und wurde zwischen 1760 und 1763 von Friedrich Wilhelm Diterichs zu einem Rokokopalais umgebaut. Viele Details wie die vergoldete schmiedeeiserne Treppe, der Festsaal im ersten Obergeschoss und das Rosenzimmer im Hofflügel stammen noch aus dieser Zeit. 1804 wurde die Fassade des Ermelerhauses im klassizistischen Stil umgestaltet. Der Tabakhändler Wilhelm Ferdinand Ermeler, der dieses Haus 1824 kaufte, eröffnete hier seine Cigarren-, Rauch- und Schnupftabakfabrik. Darüber hinaus öffnete er sein Haus für kulturelle Veranstaltungen. Ab 1932 wurde es Kulturmuseum und Zweig-

Historischer Hafen

Blick vom Schleusenvorhafen zu den Hochhäusern an der Jannowitzbrücke

stelle des Märkischen Museums. 1947 verkaufte man das Haus an die Stadt, welche dort eine Ratsbibliothek einrichtete. 1967 wurde es dann abgetragen und am heutigen Standort, am Märkischen Ufer 10, wieder aufgebaut. Seit 1997 gehört es zu einer Hotelkette.

Am Mühlendamm

Ehe die Fahrt durch den historischen Stadtkern beginnen kann, muss die Mühlendammschleuse durch- und die Mühlendammbrücke unterfahren werden. Auf der Schleusenseite befindet sich am Rolandufer die Niederländische Botschaft und am Molkenmarkt 1–3 die Alte Münze Berlin. Die erste Erwähnung einer Münzprägung datiert aus dem Jahr 1280.

Nach der deutschen Wiedervereinigung wurde hier 1991 die erste bundesdeutsche Gedenkmünze produziert. Auch die Einführungsmenge der Euro-Münzen für unser Land wurde 1999 an diesem Ort gefertigt. Alle Münzen mit dem Prägezeichen A stammen von hier. 2006 wurde die Münzproduktion an der Spree eingestellt und an einem neuen Standort in Berlin-Reinickendorf fortgesetzt. Die historischen, sich auf drei Etagen verteilenden Produktionshallen können heute für Veranstaltungen, Ausstellungen oder Filmaufnahmen gemietet werden.

Geld wurde am Mühlendamm schon immer sowohl gedruckt als auch verdient. Aus der Zeit der Stadtgründung ist bekannt, dass an der Furt zwischen der Doppelstadt Berlin und Cölln ein Molendamm angelegt wurde. Es entstand die Mühlendammbrücke, die gleichzeitig Wehranlage und Mühlenstau war. Zahlreiche Wassermühlen führten zu einem regen Mühlenbetrieb und einer florie-

Einfahrt zur Mühlendammschleuse, daneben der Historische Hafen

renden Geschäftstätigkeit in der Gegend. Waren, die in die Stadt sollten, mussten am Mühlendamm umgeladen werden. Das bescherte der Stadt beträchtliche Einnahmen. Erst mit dem Bau der ersten Mühlendammschleuse im Jahr 1578 entfiel das Umladen der Güter. Der Mühlenbetrieb wurde bis 1888 aufrechterhalten. In diesem Jahr wurde mit dem Bau einer neuen, größeren Schleuse und einer Brücke aus Stahl begonnen. Der stark anwachsende Schiffsverkehr forderte zu Beginn des 20. Jahrhunderts einen leistungsfähigeren Schleusenbau. Die heute sichtbare 140 Meter lange und zwölf Meter breite Doppelschleuse entstand zwischen 1935 und 1942. Zehn Jahre später brach man die alte Schleusenanlage ab. Reste dieser alten Schleuse erkennt man heute noch an den Ufermauern des Nikolaiviertels.

Durch den historischen Stadtkern

Vom Nikolaiviertel bis zur Museumsinsel

Schleusenbrücke

In unmittelbarer Nähe der Mühlendammschleuse befinden sich mehrere historische Kostbarkeiten Berlins: Auf der einen Spreeseite, flussabwärts rechter Hand, das Nikolaiviertel, Berlins ältester Stadtteil, und auf der anderen Spreeseite der Marstall und die Stadtbibliothek. Unmittelbar neben dem Marstall lag das Berliner Stadtschloss.

Nikolaiviertel

Im Nikolaiviertel, wo einst rund um die älteste Kirche der Stadt, die Nikolaikirche, Berlin entstand, ist heute ein architektonischer Mix aus Gotik, Klassizismus, Historismus und Postmoderne zu finden. Während des Zweiten Weltkrieges fast komplett zerstört, wurde das Nikolaiviertel in den 1980er-Jahren zur 750-Jahr-Feier Berlins wieder aufgebaut. Meist in Plattenbauweise wurden die Gebäude mit historisch nachempfundenen Fassaden neu errichtet. Mittlerweile gibt es hier ca. 800 Wohnungen sowie über 30 Geschäfte und 20 Gaststätten. In Berlins ältestem Stadtteil leben heute ca. 2.000 Einwohner.

In diesem kleinen historischen Viertel mit den engen Gassen kann man spazieren gehen, durch die vielen kleinen Läden, Boutiquen, Antiquariate und Kunstgewerbeläden bummeln oder sich gemütlich in einem der vielen Restaurants, Cafés oder Biergärten niederlassen. Bereits Heinrich Zille wusste diese Gegend zu schätzen. Er war Stammgast in der Gaststätte »Zum Nußbaum«. Der Nußbaum war bis zu seiner Zerstörung 1943 eine von Berlins ältesten Kneipen. Hier verkehrten über zweieinhalb Jahrhunderte die Spreeschiffer. Das 1507 errichtete Haus stand früher allerdings auf der Fischerinsel und wurde im Nikolaiviertel 1986/87 nach alten Plänen wieder aufgebaut. Einen Nussbaum gibt es heute natürlich auch wieder – er steht im Biergarten vor der Kneipe.

Direkt an der Spree befindet sich das Brauhaus Georgbräu. Hier wird helles und dunkles Georgbier gebraut, welches man im Garten bei Eisbein oder Berliner Bouletten genießen kann.

Tatsächlich im Originalzustand ist im Nikolaiviertel nur noch das Knoblauch-Haus aus dem Jahr 1759. Dies war einst das Haus des reichen Seidenfabrikanten Johann Christian Knoblauch. Es war Treffpunkt bedeutender Persönlichkeiten wie Gotthold Ephraim Lessing, Moses Mendelssohn oder Freiherr

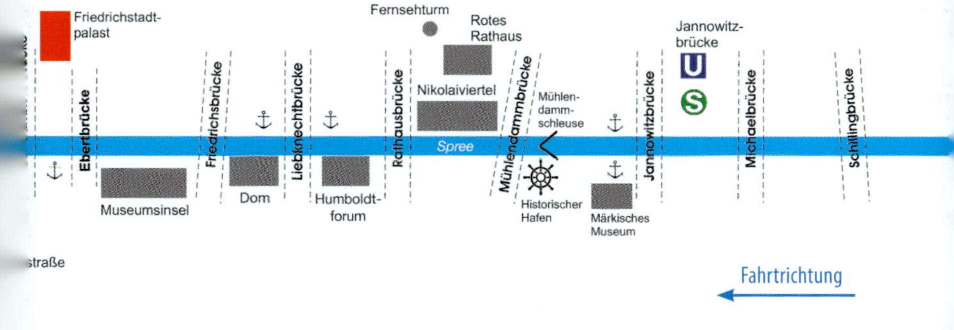

Nikolaiviertel – Berlins ältester Stadtteil

vom Stein. Heute befinden sich hier die Historischen Weinstuben sowie in der ersten Etage Ausstellungsräume.

Nikolaikirche

Die Nikolaikirche ist die älteste und bedeutendste Kirche Berlins. Sie wurde um 1230 als dreischiffige Feldsteinbasilika begonnen und Ende des 13. Jahrhunderts zu einer spätgotischen dreischiffigen Hallenkirche umgebaut. Der Bau des heutigen Langhauses und der nördliche Choranbau sowie die Liebfrauenkapelle stammen aus der Mitte des 15. Jahrhunderts. Von Hermann Blankenstein wurde die Kirche in der Zeit von 1876 bis 1878 restauriert und mit einem neugotischen Turmpaar versehen.

Nach dem Zweiten Weltkrieg war die Kirche bis auf die Umfassungsmauer zerstört und wurde im Rahmen der Restaurierungsarbeiten zur 750-Jahr-Feier Berlins von 1980 bis 1987 unter Leitung des Architekten Günther Stahn wieder aufgebaut und als Museum eröffnet. Es dokumentiert die Geschichte der Kirche und zeigt ständig wechselnde Sonderausstellungen.

Ephraim-Palais

Das Ephraim-Palais, die »schönste Ecke« Berlins, steht am Rande des Nikolaiviertels direkt an der Mühlendammbrücke. Dieses prächtige Bürgerhaus an der Ecke des Molkenmarkts wurde von 1762 bis 1765 von Friedrich Wilhelm Diterichs für Veitel Heine Ephraim, Bankier und Münzpächter von König Friedrich II., umgebaut. 1935 trug man das Gebäude für eine Straßenverbreiterung ab, seine einzelnen Bauteile wurden bis in die 1980er-Jahre im Wedding eingelagert.

Rotes Rathaus

1987 erstrahlte das Haus wieder im neuen Glanz, wenn auch zwölf Meter nach hinten gesetzt. Heute werden die Räumlichkeiten für Wechselausstellungen des Stadtmuseums genutzt.

Alexanderplatz – Fernsehturm – Rotes Rathaus

Zwischen den alten Gebäuden des Nikolaiviertels taucht immer wieder die Spitze des Fernsehturmes auf. Das Berliner Wahrzeichen, mit einer Höhe von 368 Meter eines der höchsten Bauwerke Europas, wurde von 1966 bis 1969 auf dem Alexanderplatz errichtet. Von der Kugel aus in 207 Metern Höhe bietet sich dem Besucher eine atemberaubende Aussicht auf die Stadt. In dem höchsten Café Berlins kann man sich während einer Stunde gemütlich die ganze Stadt anschauen – in dieser Zeit dreht sich das Café um 360 Grad.

Der Alexanderplatz, ursprünglich Ochsenmarkt und Exerzierplatz und außerhalb Berlins gelegen, erhielt seinen Namen nach dem Besuch von Zar Alexander I. im Jahr 1805. Durch den Bau der S-Bahn 1882, einer Markthalle, des Kaufhauses Tietz und der U-Bahn 1913 entwickelte er sich zu einem zentralen Verkehrsknoten. Nach den Zerstörungen im Zweiten Weltkrieg wurde er in den 1960er-Jahren wieder aufgebaut und um das Fünffache seiner ursprünglichen Größe erweitert. Ein besonderer Anziehungs- und Treffpunkt ist für viele Berliner und ihre Besucher seit 1969 die zehn Meter hohe Weltzeituhr. Sie zeigt die 24 Zeitzonen der Erde und eine vereinfachte Darstellung unseres Sonnensystems.

Im Roten Rathaus hat der Regierende Bürgermeister von Berlin seinen Sitz. Der Name Rotes Rathaus ist auf die Farbe der Klinker zurückzuführen. Das Rathaus wurde zwischen 1860 und 1869 erbaut, nachdem das alte Berliner Rathaus

Alexanderplatz mit Weltzeituhr

zu klein geworden war und die Berliner Bürgerschaft einen in Größe und Bedeutung der Stadt angemessenen Neubau beschlossen hatte. Zu dieser Zeit gab es in Berlin eine halbe Million Einwohner.

Haus der Deutschen Wirtschaft

Doch zurück zur Spree. Unmittelbar hinter der Mühlendammbrücke und gegenüber dem Nikolaiviertel befindet sich ein weiteres interessantes Gebäude: das Haus der Deutschen Wirtschaft. Hier ist seit 1999 der Sitz der drei Spitzenverbände der Deutschen Industrie: des Deutschen Industrie- und Handelstages, des Bundesverbandes der Deutschen Industrie und der Bundesvereinigung der Deutschen Arbeitgeberverbände. Die in Blockbauweise errichteten Gebäude der Verbände sind über einen Lichthof miteinander verbunden. Die moderne Architektur vermittelt Transparenz und spiegelt die Verbundenheit der Verbände in ihrem Streben nach Stärkung der deutschen Wirtschaft wider. Das Gebäudeensemble ist das Ergebnis eines internationalen Wettbewerbs, den das Hamburger Architekturbüro Schweger und Partner für sich entscheiden konnte.

Marstall

Gleich an das Haus der Deutschen Wirtschaft schließt sich der historische Marstall an. Der Neue Marstall wurde neben dem Stadtschloss in der Zeit von 1896 bis 1901 nach Plänen von Ernst von Ihne erbaut. Der Komplex des Neuen Marstalls mit der 93 Meter langen Hauptfassade und dem 176 Meter langen Spreeflügel schloss große Teile des Alten Marstalls sowie mehrere Bürgerhäuser ein. Früher beherbergte es 300 Pferde sowie die Kutschen und Schlitten des kaiserlichen

Gestern: Palast der Republik

Hofes, ab 1920 wurde das Gebäude von der Berliner Stadtbibliothek genutzt. Der Neue Marstall erlitt während des Zweiten Weltkrieges schwere Beschädigungen. 1968 wurde er ohne die schmückenden Fassadenelemente rekonstruiert. Anschließend zog hier die Akademie der Künste der DDR ein. Heute ist der Neue Marstall Sitz der Hochschule für Musik »Hanns Eisler«.

Humboldtforum

Berlins Mitte ist politisch und architektonisch besonders geschichtsträchtig. Die historische Abfolge dokumentiert das Stadtschloss als Sitz des Kaisers, der Palast der Republik als Sitz der Volkskammer der DDR und das Humboldtforum als Museum der außereuropäischen Kunst sowie als Ort für den Dialog der Kulturen der Welt. Auf der Spreeinsel zwischen zwei Spreearmen stand einst das Hohenzollernschloss. Die ältesten Bauteile des Mitteltraktes stammten aus dem 15. Jahrhundert. Bis zum Ende des 17. Jahrhunderts wurde das Schloss dann von den jeweiligen Herrschern immer wieder umgebaut und erweitert. Einige bekannte Baumeister waren beteiligt, von 1699 bis 1707 Andreas Schlüter, anschließend, nach dem Einsturz des von ihm geplanten Münzturmes, bauten Johann Friedrich Eosander von Göthe und Martin Heinrich Böhme bis 1716 weiter. Die Kuppel der Schlosskapelle über der Südfassade wurde erst Ende des 19. Jahrhunderts errichtet. Vom Sommer 1950 bis zum Frühjahr 1951 wurden die Überreste des im Zweiten Weltkrieg fast völlig zerstörten Schlosses gesprengt. Einzelne Elemente aus dem Schlossensemble wurden geborgen und an anderer Stelle wieder aufgestellt. So finden sich Figuren des Schlosses am Zeughaus und das Portal IV vom Nordflügel ist im Eingangsbereich zum ehemaligen

Visualisierung des zukünftigen Humboldtforums

Staatsratsgebäude der DDR, seit 2006 eine europäische Managerhochschule, integriert. Die Reiterstatue des »Heiligen Georg«, der mit einem Drachen kämpft, stand von 1951 bis 1987 im Volkspark Friedrichshain und ist seit 1987 im Nikolaiviertel zu sehen. Die Bronzelöwen sind im Tierpark zu finden und der Neptunbrunnen am Fernsehturm. Es wurde nicht alles vernichtet.

Von 1976 bis 2006 stand an der Stelle des Stadtschlosses der Palast der Republik, ein Haus für politische Veranstaltungen sowie Konzerte und Theateraufführungen. Um den Erhalt bzw. den Abriss gab es eine mehrjährige Diskussion. So wurde der asbestverseuchte Palast erst saniert, um dann doch abgerissen zu werden.

Ab 2019 wird die Schlosshülle wieder zu sehen sein und der Bau sich als Humboldtforum präsentieren. Die wissenschaftliche und kulturelle Nutzung des neuen 55.000 Quadratmeter großen Gebäudes soll an das Wirken der Brüder Alexander und Wilhelm von Humboldt erinnern, deren Namen auch die sich in unmittelbarer Nähe befindende Universität trägt.

Berliner Dom

Folgt man der Spree stromabwärts, steht linker Hand der Dom. Er wurde in den Jahren 1893 bis 1905 als Oberpfarr- und Domkirche der Hohenzollern im Stil der italienischen Hochrenaissance von Julius Carl und Otto Raschdorff erbaut. Er war Preußens »Petersdom« und die bedeutendste evangelische Kirche des Landes.

Seine Geschichte reicht zurück bis ins 15. Jahrhundert. Nachdem ursprünglich am Schlossplatz eine gotische Dominikanerkirche entstehen sollte, wurde

Berliner Dom – einst Preußens bedeutendste evangelische Kirche

zur Zeit Friedrich des Großen am heutigen Standort zwischen 1747 und 1750 ein barocker Dom nach Plänen von Georg Wenzeslaus von Knobelsdorff errichtet. Dieser wurde von Karl Friedrich Schinkel in den Jahren 1817 bis 1822 im klassizistischen Stil umgestaltet. Nach dem Abriss des alten Doms unter Kaiser Wilhelm II. wurde ein neuer Dom, nun reich verziert im Stil der italienischen Hochrenaissance, erbaut.

Während des Zweiten Weltkrieges wurde der Berliner Dom stark zerstört. Der vereinfachte Wiederaufbau der Außenhaut erfolgte von 1975 bis 1982, die Restaurierung der Innenräume war erst 1993 beendet.

An der Ausgestaltung des Berliner Doms waren die bekanntesten Künstler der damaligen Zeit beteiligt. Zu den größten Kunstwerken zählen die beiden Prunksarkophage des Kurfürsten Friedrich Wilhelm (des Großen Kurfürsten) und der Kurfürstin Sophie Charlotte aus vergoldetem Zinnbleiguss. Der Hauptaltar wurde von Friedrich August Stüler errichtet.

Genau gegenüber, auf der anderen Seite der Spree, steht seit 2004 das DomAquarée, benannt nach dem Berliner Dom, auf den man von hier aus einen tollen Blick genießen kann. Im DomAquarée gibt es Geschäfte und Gaststätten, Büros und Wohnungen, ein Hotel sowie eine Tagesklinik auf einer Fläche von insgesamt 64.000 Quadratmetern. Das Besondere in dem Hotelkomplex ist ein gläserner Aufzug, der über 30 Meter in ein Aquarium eintaucht, das mit einer Million Liter Salzwasser gefüllt ist.

Ober- und unterhalb der Liebknechtbrücke am Berliner Dom befinden sich mehrere Abfahrtsstellen für die einstündigen Rundfahrten durch das Regierungsviertel.

Das Bodemuseum an der Spitze der Insel der Museen

Museumsinsel

Eine Schiffstour durch die City und das Regierungsviertel führt den Besucher entlang der Spreeinsel mit den fünf bekannten Berliner Museen: Alte Nationalgalerie, Bode-, Pergamon- sowie das Alte und das Neue Museum. In diesen Museen sind archäologische Sammlungen sowie Kunst des 19. Jahrhunderts ausgestellt. Die Architektur der Museen selbst ist schon sehenswert – jedes Gebäude wurde entsprechend seinem Ausstellungsinhalt gebaut und repräsentiert eine andere Epoche. 1999 wurde dieses bedeutende Ensemble zum Weltkulturerbe der UNESCO erklärt.

Die Alte Nationalgalerie zeigt europäische und deutsche Malerei des 19. Jahrhunderts, unter anderem Kunstwerke der Romantik, des Klassizismus, des Biedermeier, des Realismus, der Deutschrömer sowie des französischen Impressionismus und Expressionismus. Hier sind Werke von Karl Friedrich Schinkel, Caspar David Friedrich, Carl Blechen, Max Liebermann, Adolf Menzel und Johann Gottfried Schadow zu sehen. Das Gebäude ist in der Zeit von 1866 bis 1876 im Stil des Klassizismus nach Entwürfen August Stülers von Johann Heinrich Strack vollendet worden. Die Nationalgalerie erinnert an einen korinthischen Tempel mit einer offenen, von Säulen getragenen Vorhalle.

Das Bodemuseum befindet sich an der Spitze der Museumsinsel, wo die zwei Spreearme zusammenfließen. Es ist als Neobarockbau nach Entwürfen von Ernst Ihne 1897 bis 1904 erbaut worden. Hier haben eine Gemäldegalerie, eine Skulpturensammlung, Europas bedeutendstes Münzkabinett sowie das Museum für spätantike und byzantinische Kunst ihre Heimstatt. Die gewaltige Kuppel, die sich über der Ruhmeshalle erstreckt, gibt dem Gebäude das Aussehen

Die Museumsinsel, hier die Alte Nationalgalerie

eines die Spree befahrenden Schiffes. Die inneren Räume des vierteiligen Ausstellungskomplexes mit fünf Lichthöfen wurden von Museumsdirektor Wilhelm von Bode entsprechend den ausgestellten Epochen gestaltet. Das Pergamonmuseum, das eine Antikensammlung, das Vorderasiatische Museum sowie das Museum für Islamische Kunst beherbergt, erhielt seinen Namen nach dem dort ausgestellten Zeusaltar von Pergamon (Pergamonaltar). Weitere Hauptattraktionen des Pergamonmuseums sind das Markttor von Milet sowie die Prozessionsstraße und das Ischtartor von Babylon. Das Pergamonmuseum wurde in der Zeit von 1912 bis 1930 von Ludwig Hoffmann nach Plänen Alfred Messels erbaut.

Der erste Museumsbau innerhalb des Gesamtkomplexes war das Alte Museum. Hier sind unter anderem eine Antikensammlung, der Hildesheimer Silberschatz sowie griechische und römische Gläser und Kunstwerke untergebracht. Es wurde im Stil des Klassizismus 1824 bis 1830 von Karl Friedrich Schinkel erbaut. König Friedrich Wilhelm III. machte in diesem ältesten Ausstellungsgebäude Berlins Kunstschätze, die bis dahin in den Schlössern untergebracht waren, der Öffentlichkeit zugänglich. Der Bau besteht aus einer langgestreckten Halle mit 18 ionischen Säulen an der Südfront, in deren Mitte eine breite Freitreppe zur Säulenhalle führt.

Das Neue Museum ist das bedeutendste Bauwerk Berlins des nachschinkelschen Klassizismus. Es wurde von August Stüler in der Zeit von 1841 bis 1846 errichtet. Während des Zweiten Weltkrieges wurde es, wie insgesamt 70 Prozent der Bauten auf der Museumsinsel, fast völlig zerstört. 2009 konnten die Sanierungsarbeiten am Neuen Museum abgeschlossen werden. Seit der Wiedereröff-

Neue Wache

nung sind hier das Ägyptische Museum mit der Papyrussammlung und das Museum für Vor- und Frühgeschichte mit Funden aus der Steinzeit zu Hause. Die Kosten für die umfassende Sanierung des Gebäudebestandes, die bauliche Zusammenfassung des Museumsensembles und die Neuordnung der durch die deutsche Teilung verstreuten Sammlungen belaufen sich auf ca. 1,5 Milliarden Euro. Ab 2017 wird die Museumsinsel zwischen Neuem Museum und Kupfergraben ein zentrales Eingangsgebäude und Besucherzentrum mit dem Namen James-Simon-Galerie haben. Jedes Jahr besuchen ca. drei Millionen Interessenten die Museen auf der Spreeinsel.

Zeughaus und Neue Wache

Nach der Vorbeifahrt am Bodemuseum und der Unterquerung der Monbijoubrücke können flache Fahrgastschiffe in den Kupfergraben einfahren. Nach der vierten Brücke und ca. 1.000 Metern Fahrt ist dann vor dem Außenministerium an der Schloßbrücke für Schiffe kein Weiterkommen möglich. Dort stand einst die Schinkelsche Bauakademie. Eine Musterfassade erinnert daran und offeriert einen möglichen Wiederaufbau der Akademie.

Die Neue Wache aus dem Jahr 1818, vom Kupfergraben aus gesehen hinter dem Zeughaus gelegen, ist das Erstlingswerk des damals 37-jährigen Karl Friedrich Schinkel. Sie entstand als erster Repräsentationsbau nach der französischen Besetzung und wurde als Denkmal für die Befreiungskriege verstanden. Später wurde sie zu einem Gefallenenehrenmal umgestaltet und ab 1960 als Mahnmal für die Opfer des Faschismus und Militarismus genutzt. Seit 1993 ist die Neue Wache die Zentrale Gedenkstätte der Bundesrepublik.

Zeughaus

Das Zeughaus, einst Gebäude zur Aufbewahrung von Kriegsgerät, Kriegsbeute und Trophäen wurde 1695 bis 1729 erbaut. Es ist Berlins bedeutendster Barockbau und das Werk der Baumeister Johann Arnold Nering, Martin Grünberg und Andreas Schlüter. Das Zeughaus diente nicht nur als Waffenarsenal, sondern auch als »Ruhmeshalle der Brandenburgisch-Preußischen Armee«, als »Kriegsmuseum« und »Museum für Deutsche Geschichte«. Heute beherbergt es das Deutsche Historische Museum.

Die Regierungsstrecke

Zwischen Bahnhof Friedrichstraße und Schloss Bellevue

Die Spree am Kanzleramt mit dem Kanzlersteg

Hinter der Weidendammer Brücke beginnt die Fahrt durch das Regierungsviertel. Dort verlaufen parallel zur Spree der Schiffbauerdamm und das Reichstagsufer. Beide Straßennamen dokumentieren Geschichte. Auf der einen Seite der Spree wurden früher Schiffe gebaut und auf der anderen Seite wurde und wird Politik gemacht.

Friedrichstraße

Doch werfen wir zunächst einen Blick in die Friedrichstraße. Sie war einst Hauptachse der in den Jahren nach 1688 erbauten Friedrichstadt und eine der berühmtesten Straßen Berlins. Heute führt sie über 3,5 Kilometer vom Mehringplatz in Kreuzberg bis zum Oranienburger Tor in Mitte. Direkt an der Weidendammer Brücke liegt der Bahnhof Friedrichstraße. Der 1926 erbaute Bahnhof war zu Mauerzeiten einer der wichtigsten Grenzübergänge nach Westberlin. Er sollte nach der deutschen Wiedervereinigung zunächst zu Berlins Zentralbahnhof umgebaut werden. Seine Lage am Schnittpunkt von S-, U- und Regionalbahn sprach dafür, die enge Bebauung und die geringen Erweiterungsmöglichkeiten im Umfeld des Bahnhofs dann allerdings doch für den zwei Stationen weiter gelegenen Lehrter Bahnhof.

Dennoch wurde der Bahnhof Friedrichstraße bis 1999 rekonstruiert und neu belebt. Dazu gehörte auch die Herrichtung der S-Bahnbögen. In einem dieser Bögen befindet sich das Restaurant Zwölf Apostel. Dort wandern die Blicke der Gäste häufig nach oben. Warum? Das Deckengewölbe ist witzig bemalt und da über den Köpfen die S-Bahn fährt, kommt der meiste Lärm von dort. Nach kurzer Zeit nimmt man die donnernden Züge allerdings gar nicht mehr wahr.

Zwischen Bahnhofsvorplatz und Spree steht der Tränenpalast. Seinen Namen erhielt er in der Zeit vor 1989, als der Pavillonbau zum Grenzübergang Friedrichstraße gehörte. Dort musste jeder durch, der hier mit der Bahn aus der DDR ausreiste oder von Verwandtenbesuchen wieder zurückfuhr – was nicht nur mit emotionalen Abschiedsszenen, sondern oft auch mit schikanösen Kontrollen verbunden war. Heute ist der Tränenpalast Bestandteil des Gesamtensembles Friedrichstraße, steht unter Denkmalschutz und beherbergt die ständige Ausstellung »GrenzErfahrungen. Alltag der deutschen Teilung«.

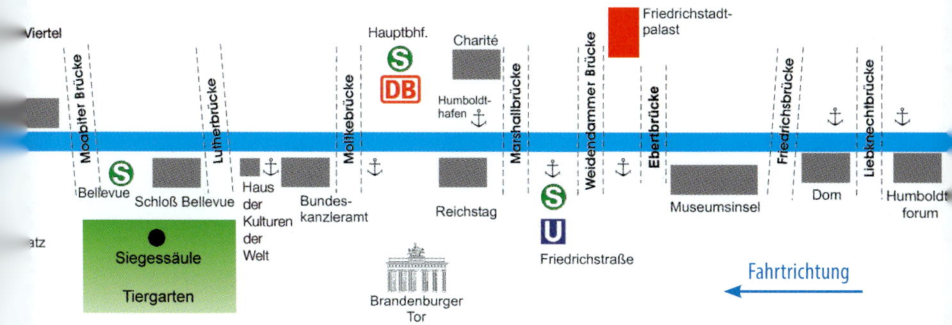

Blick auf den Bahnhof Friedrichstraße vom Schiffbauerdamm aus

Schiffbauerdamm

Einwanderer aus Holland bauten im 17. Jahrhundert im Auftrag des Großen Kurfürsten an diesem Uferbereich der Spree Schiffe. Heute sind am Schiffbauerdamm Kultur, Medien und Gastronomie zu Hause. Am Schiffbauerdamm, Ecke Friedrichstraße stand bis 1982 der alte Friedrichstadtpalast. Heute befindet sich an gleicher Stelle ein Büro- und Geschäftshaus. Der neue Friedrichstadtpalast, eines der größten Revuetheater Europas, ist seit 1984 nur 100 Meter vom alten Standort entfernt in der Friedrichstraße gelegen.

Das Kesselhaus und die Maschinenhalle des ehemaligen Kraftwerkes sind heute das News-Center Schiffbauerdamm. Dort befinden sich das Hauptstadtstudio von RTL und die Berliner Redaktion der Nachrichtenagentur Reuters.

Berliner Ensemble

Ebenfalls am Schiffbauerdamm steht mit dem Berliner Ensemble eines der renommiertesten deutschen Theater. In dem 1892 erbauten Haus arbeiteten Persönlichkeiten wie Bertolt Brecht und Helene Weigel. Sie schrieben hier Theatergeschichte.

Auf Höhe des Theaters befindet sich in der Ufermauer eine Öffnung, aus der Wasser strömt. Es ist die Mündung der Panke, eines 26 Kilometer langen Flüsschens, welches auf dem Roten Feld bei Bernau nordöstlich von Berlin entspringt. Die Panke durchfließt die Stadtbezirke Mitte und Pankow, wo der Flusslauf in die Gestaltung der Grünanlagen des Schlossparks in Buch und Niederschönhausen sowie des Pankower Bürgerparks integriert ist.

Neben der Kultur hat sich in der Nähe des Theaters auch eine abwechslungsreiche Gastronomie etabliert. Unmittelbar an der Spree befinden sich wie auf

Reichstag

einer Perlenkette aufgereiht, die Restaurants Ganymed, Brechts, die Bierbörse Berliner Republik, die Pianobar van Gogh, das Vaporetto sowie die Ständige Vertretung (StäV). Letztere ist eine Referenz an alle Bonner Regierungsbediensteten in der Bundeshauptstadt. War die STäV ursprünglich vorwiegend Heimat für die »Vertriebenen« aus dem Rheinland, so ist sie sehr schnell auch von Berlinern und Touristen entdeckt worden.

Vom Presse- und Informationszentrum zum Unterbaum

Auf der Weiterfahrt Richtung Spreemündung sehen wir am linken Ufer das Bundespresseamt, einen Flachbau mit gläserner Fassade. Hier werden täglich die Medien- und Pressevertreter über aktuelle Ereignisse in Deutschland und die Entscheidungen der Regierung informiert. Das Informationszentrum der Regierung befindet sich im ehemaligen Berliner Postscheckamt in der Dorotheenstadt, die 1673 von der Kurfürstin Dorothea gegründet wurde. Vor dem Durchfahren der Marschallbrücke ist ebenfalls auf der linken Spreeseite, am Reichstagsufer, das ARD-Hauptstadtstudio zu sehen. Im Jacob-Kaiser-Haus, das gleich hinter der Brücke steht, befinden sich Büros für Abgeordnete. Gleich daneben, nur durch den Friedrich-Ebert-Platz getrennt, steht der Reichstag.

Zwischen Reichstagspräsidentenpalais – heute Sitz der Parlamentarischen Gesellschaft – und Reichstagsgebäude verlief zwischen 1961 und 1989 die Berliner Mauer. Doch schon während der Barockzeit stand hier ein trennendes Bauwerk: die Zoll- oder Akzisemauer. Die Durchfahrt nach Berlin auf dem Landweg ermöglichte zu jener Zeit das 400 Meter weiter südlich gelegene Brandenburger Tor. Auf der Spree diente der Unterbaum, ein quer im Wasser liegen-

Marie-Elisabeth-Lüders-Haus

der Baumstamm, der tagsüber an das Ufer verschwenkt wurde, als nächtliche Barriere.

Reichstag

Das Reichstagsgebäude, zwischen 1884 und 1894 nach Plänen von Paul Wallot errichtet, ist seit 1999 wieder Sitz des gesamtdeutschen Parlamentes. Die Entscheidung, Berlin als Regierungshauptstadt und Sitz des Deutschen Bundestages zu wählen, fiel 1991. Nach Plänen des britischen Architekten Sir Norman Foster wurde der Reichstag für 300 Millionen Euro zu einem modernen Plenargebäude umgebaut. Der Plenarsaal erhielt eine begehbare Glaskuppel. In 40 Metern Höhe befindet sich dort eine Aussichtsplattform. Im Zentrum der Kuppel ist ein Lichtumlenksystem installiert, das für helles Licht im zehn Meter tiefer gelegenen Plenarsaal sorgt. Kuppel und Dachrestaurant sind zu einer touristischen Attraktion geworden und täglich bis Mitternacht geöffnet. Berlin-Besucher sollten sich für Führungen und Teilnahmen an Plenarsitzungen vorher anmelden.

Spreebogen und »Band des Bundes«

Nach der Vorbeifahrt am Reichstag beginnt die Fahrt durch den Spreebogen. Hier finden wir das Band des Bundes, einen Gebäudegürtel durch das Regierungs- und Parlamentsviertel.

Dieser verläuft auf der Ost-West-Achse, quert die Spree und damit die ehemalige Systemgrenze zwischen Ost und West. Im Paul-Löbe-Haus und im Marie-Elisabeth-Lüders-Haus arbeiten die meisten Parlamentarier. Löbe und Lüders

Bundeskanzleramt

waren bedeutende Vertreter des deutschen Parlamentarismus während der Weimarer Republik und der frühen Bundesrepublik. Paul Löbe (1875–1967) war Sozialdemokrat und von 1920 bis 1932 Reichstagspräsident, später Alterspräsident des Deutschen Bundestages. Marie Elisabeth Lüders (1878–1966) engagierte sich als Abgeordnete der Deutschen Demokratischen Partei zu Zeiten der Weimarer Republik insbesondere in sozialen Bereichen. Sie setzte sich ein für die Rechte der Frauen und für den Kinder- und Jugendschutz.

Entwürfe für ein »Regierungsviertel« im Spreebogen gab es bereits unter den Nationalsozialisten. Hitlers Generalbauinspektor Albert Speer plante die Umgestaltung Berlins zur Hauptstadt »Germania«. Dazu gehörten im Alsenviertel, dem heutigen Regierungsviertel, der Bau des »Großen Platzes« für eine Million und der Bau der »Großen Halle« für 180.000 Menschen. Beide Projekte sollten bis 1950 abgeschlossen sein. Die Geschichte drückte der Gegend allerdings einen anderen Stempel auf. Abriss und Kriegszerstörung ließen nur ein einziges Haus stehen. Es diente bereits 1920 als Schweizer Botschaft, die heute an gleicher Stelle in neuem Glanz erstrahlt, gebildet aus einem dreiteiligen Ensemble mit Bauten aus dem 19. und 20. Jahrhundert.

Am Ende der Achse der Parlaments- und Regierungsgebäude im Spreebogen steht das 2001 fertig gestellte Bundeskanzleramt mit dem Kanzlergarten. Das Kanzleramt gliedert sich architektonisch in das Band des Bundes ein. Während sich die Büros der ca. 450 Mitarbeiter über fünf Etagen erstrecken, hat das Kanzleramt auf 36 Metern Höhe acht Etagen, ein äußerlich nicht sichtbarer Unterschied. Die insgesamt ca. 300 Büros im Bundeskanzleramt erstrecken sich auf 12.800 Quadratmetern.

Berliner Hauptbahnhof

Beim Durchfahren des Spreebogens entdeckt man weitere Highlights. Da ist zunächst die elegante Kronprinzenbrücke des spanischen Architekten Santiago Calatrava. Übrigens hatte dieser bei seinem Entwurf zum Reichstagsumbau eine Kuppel vorgesehen, während Foster ein Flachdach präferierte. Beide mussten umplanen. Foster nahm die Kuppel in seine Planungen auf und Calatrava erhielt den Zuschlag für den Bau der »flachen« Kronprinzenbrücke. Das futuristische Gebäude neben der Brücke ist die Kindertagesstätte für die Kinder der Bundestagsmitarbeiter. Es wurde von dem Österreicher Gustav Peichl entworfen.

Charité und Hauptbahnhof

Auf der gegenüberliegenden Spreebogenseite befindet sich die ehrwürdige Charité (frz. Nächstenliebe/Barmherzigkeit), Berlins ältestes Krankenhaus, das heute medizinische Fakultät der Humboldt- und der Freien Universität Berlin ist. Es wird mit den Namen Ferdinand Sauerbruch, Robert Koch, Rudolf Virchow und Theodor Brugsch verbunden. Das weithin sichtbare Bettenhaus wurde 1982 erbaut. Heute hat die Charité 3.200 Betten und 7.000 Studenten, womit sie Europas größtes Universitätsklinikum ist. Nach der Charité passiert man, dem Lauf der Spree folgend, Humboldthafen und Hauptbahnhof (früher Lehrter Bahnhof). Beides sind Verkehrsbauwerke, die Geschichte schrieben und schreiben. Der Humboldthafen war um die Jahrhundertwende einer der führenden Umschlagplätze für Waren aller Art im Zentrum Berlins und diente während der Baumaßnahmen im Spreebogen in den neunziger Jahren des 20. Jahrhunderts wieder als Umladeplatz für Baustoffe. Heute steht er unter Denkmalschutz und wird durch die Fahrgastschifffahrt genutzt. Überspannt wird

Moltkebrücke über die Spree

der Humboldthafen von den Bahnsteigen des Berliner Hauptbahnhofs. Er wurde 2006 zur Fußballweltmeisterschaft in Deutschland als modernster und schönster Bahnhof Europas für insgesamt 1,2 Milliarden Euro fertig gestellt. Der 1869 bis 1871 an gleicher Stelle als Endpunkt der Bahnlinie Berlin–Stendal–Gardelegen–Lehrte errichtete »alte« Lehrter Bahnhof ähnelte äußerlich eher einem Schloss. Die Bahnsteighalle hatte mit 188 Metern Länge und 38 Metern Breite damals schon eine stolze Größe. Während des Zweiten Weltkrieges wurde der Lehrter Bahnhof so stark beschädigt, dass der danach wiederaufgenommene Verkehr im August 1951 eingestellt werden musste. 1958/59 wurde der Bahnhof abgerissen. Nach der deutschen Wiedervereinigung wurde dann entschieden, den Lehrter Bahnhof zum zentralen Kreuzungsbahnhof für Berlin zu entwickeln. Dazu musste die Spree getunnelt werden. Erstmals gibt es eine direkte Umsteigemöglichkeit von der Ost-West-Trasse der Stadtbahn zur getunnelten Nord-Süd-Fernbahnverbindung. Der gesamte Verkehr verteilt sich auf drei Ebenen. Fernreisende können für die Weiterfahrt in das Berliner Stadtgebiet nicht nur die S- oder U-Bahn nutzen, sondern auch von den Bahnhofsvorplätzen den Bus und die Straßenbahn. Besonders imposant ist die stützenlose Glasdachkonstruktion des Bahnhofs, in die auf 2.700 Quadratmetern eine Voltaikanlage integriert wurde. Die Geschossfläche für den Bahnbetrieb und die Einzelhandelsgeschäfte beträgt auf dem Hauptbahnhof 70.000 Quadratmeter. In den Bügelbauten, die den Bahnhof überspannen und 46 Meter über dem Straßenniveau liegen, wurden weitere 42.000 Quadratmeter Bürofläche für die Deutsche Bahn geschaffen. Den Bahnhof frequentieren täglich ca. 300.000 Reisende.

Hamburger Bahnhof

Hinter dem Hauptbahnhof befindet sich an der Invalidenstraße der Hamburger Bahnhof, der heute keine Fahrgäste mehr, sondern nur noch kunstinteressierte Besucher kennt: 1996 wurde der Umbau des Bahnhofs nach Plänen des Architekten Josef Kleihues zu einem Museum für Gegenwart abgeschlossen, 2004 erfolgte eine Erweiterung der Ausstellungsflächen durch einen Umbau der hinter dem Bahnhof liegenden Speditionshallen. Die Nationalgalerie im Hamburger Bahnhof gehört mit ihren 13.000 Quadratmetern Ausstellungsfläche heute zu den bedeutendsten öffentlichen Sammlungen zeitgenössischer Kunst in Europa.

Verkehrstunnel unter der Spree

Für den Verkehrstunnel der Nord-Süd-Verbindung am Berliner Hauptbahnhof wurden unter der Spree drei Tunnelröhren in offener Bauweise verlegt. Diese Technologie wurde notwendig, da die Tunnelröhren nur einen Meter unter dem Fluss liegen, was einen Tunnelbau im Schildvortrieb unmöglich machte. Als Abdeckung und zum Schutz vor Beschädigungen erhielt der Tunnel eine drei Zentimeter starke Stahlplatte. Je eine Röhre wird durch die Fernbahn, die U-Bahnlinie U 5 und die Bundesstraße B 96 genutzt. Zum Einbringen der Röhren wurde die Spree während der Bauarbeiten nordwärts verlegt. Heute fließt sie wieder in ihrem alten Bett. Insgesamt beträgt die Tunnellänge im »Zentralen Bereich« zwischen Hauptbahnhof und Reichpietschufer am Landwehrkanal 2.400 Meter. Auf dieser Strecke befand sich ausgangs des 20. Jahrhunderts Europas größte Baustelle. Es wurden im gleichen Abschnitt das Regierungsviertel sowie die Neubaugebiete Potsdamer- und Leipziger Platz entwickelt und an das Verkehrswegenetz angeschlossen.

Cabrioschiffe überqueren den Spreetunnel

Mit den umweltverträglichen Verkehrslösungen im zentralen Bereich von Berlin wurden Lärm und Luftverschmutzung erheblich gemindert und somit das Wohn- und Arbeitsumfeld stark aufgewertet. Dadurch ist auch der Erholungswert des zwischen Spree und Landwehrkanal gelegenen Tiergartens weiter gestiegen.

Abgeschlossen wird der Spreebogen mit der Moltkebrücke, die mit zu den schönsten in Berlin gehört. Sie wurde 1891 errichtet und trägt den Namen des Leiters der Heeresreform von 1866, Feldmarschall Helmut Graf von Moltke. Am Mittelbogen der Brücke ist vom Wasser aus sein Bildnis zu erkennen.

Vom Tiergarten nach Moabit

Nach Durchfahren der Moltkebrücke ist auf der linken Uferseite nochmals das Bundeskanzleramt zu sehen. Das sich anschließende schwungvolle Gebäude war ein Geschenk der USA zur Internationalen Bauausstellung 1957 in Berlin. Das Gebäude wird im Volksmund »Schwangere Auster« genannt. Genutzt wird es heute als »Haus der Kulturen der Welt«, wo vor allem internationale zeitgenössische Produktionen ausgestellt werden. Vor dem Gebäude steht ein Glockenspielturm, das Berliner Carillon, in dem 68 Glocken erklingen. Es ist ein Geschenk des Daimler-Benz-Konzerns an die deutsche Hauptstadt zur 750-Jahr-Feier 1987. Auf der gegenüberliegenden Uferseite des Hauses der Kulturen der Welt steht auf dem Moabiter Werder die 320 Meter lange »Bundestagsabgeordnetenschlange« mit 718 Wohnungen. Diese wurden eigens für Bundesbeamte gebaut. Da diese die eher nüchtern anmutenden Quartiere nicht so recht annahmen, wohnen dort heute überwiegend ganz »normale« Berliner.

Schloss Bellevue

Schloss Bellevue und Bolle-Viertel

Nach Durchfahrt unter der Lutherbrücke erscheint das Schloss Bellevue, erbaut 1785 als Sommersitz des Prinzen August Ferdinand, des jüngsten Bruders Friedrich des Großen. Seit 1994 dient es als Amtssitz des deutschen Bundespräsidenten. Erweitert wurde das Schloss 1998 um das Bundespräsidialamt, welches hinter dem Schloss in Richtung Großer Stern gelegen ist.

Das Bolle-Viertel beginnt hinter der Moabiter Brücke auf der rechten Uferseite. Herausragender Bau dieses Viertels ist das u-förmige 49 Meter hohe Bürohaus.

Direkt neben dem gläsernen Bürohaus wird die Geschichte des Viertels sichtbar. Bolle war Inhaber einer Meierei. 1886 wurde von hier aus ganz Berlin mit Frischmilch und Milchprodukten beliefert. Die Frischmilch kam aus der näheren und weiteren Umgebung per Bahn nach Berlin. Die Firmenfuhrwerke brachten die Zinkkannen von den Bahnhöfen zur Meierei, wo die Milch weiterverarbeitet wurde. In den frühen Morgenstunden machten sich die Bollekutscher mit ihren Milchjungen auf den Weg, um auf festen Routen die Milch- und Molkereierzeugnisse direkt an die Verbraucher zu verkaufen. Angekündigt wurden die Milchwagen durch Glockenschläge, was dem Unternehmen den Beinamen »Bimmel-Bolle« einbrachte. Heute ist noch eine Gebäudezeile der Meierei von der Spree bis zur Straße Alt-Moabit erhalten. Sie ist an dem roten Backstein zu erkennen und beginnt gleich hinter dem Hotel am Ufer der Spree. In den sanierten Gebäuden befinden sich Restaurants und Geschäfte.

Die rot-blauen Gebäude vor der Lessingbrücke gehören zum Focus Teleport. Dies ist ein Büropark mit 50.000 Quadratmetern Gesamtfläche. In ihm sind vor

Büropark Focus Teleport und Bolle-Viertel

allem Firmen aus der IT-Branche sowie aus der Forschung angesiedelt. Historische Bauten aus der Jahrhundertwende sind in diesen Bürokomplex mit einbezogen worden. So ist der Turm am Ufer Teil der ehemaligen Kampffmeyerschen Mühle. Er steht unter Denkmalschutz und kündet von dem einstmals gut florierenden Mühlengeschäft.

Hansa-Viertel

Auf der gegenüberliegenden Uferseite des Bolleviertels erstreckt sich das Hansa-Viertel. Es entstand als Wohnsiedlung während der Gründerzeit, wurde im Krieg stark zerstört und zur Internationalen Bauausstellung 1957 neu aufgebaut. Der Name des Viertels erinnert daran, dass Berlin im Mittelalter über 90 Jahre lang dem Städtebund der Hanse angehörte. Die Kaufleute der Hansestädte halfen sich gegenseitig beim Ausbau der Handelsbeziehungen ins Ausland sowie im Kampf gegen Seeräuber und übermächtige Fürsten.

Schlösser an der Havel

Von Berlin nach Potsdam

Auf dem Griebnitzsee nach Potsdam

Architektur im Spreedoppelbogen

Durch Alt-Moabit windet sich die Spree in zwei großen Bögen. Nach Durchfahren der Hansabrücke scheint am linken Ufer im ersten Bogen die Glasfassade der Königlichen Porzellanmanufaktur (KPM) durch die Bäume. Die Manufaktur wurde 1751 von Caspar Wilhelm Wegely gegründet und zehn Jahre später von dem Kaufmann Ernst Gotzkowsky übernommen. Dieser verkaufte sie an Friedrich II. weiter, was ihr die Namensergänzung »königlich« einbrachte. Später wurde die Manufaktur Eigentum der Stadt Berlin, die sie 2006 privatisierte. Die nächste Brücke im Spreebogen ist nach eben jenem Gotzkowsky benannt und erinnert an ein Stück Berliner Porzellangeschichte. Dem Porzellanbogen der Spree folgt als nächster der Wissenschaftsbogen mit dem Doppelinstitut IWF/IPK, dem Institut Werkzeugmaschinen und Fabrikbetrieb der Technischen Universität Berlin und dem Institut für Produktionsanlagen und Konstruktionstechnik der Fraunhofer-Gesellschaft. Hier wird interdisziplinär an der »Digitalen Fabrik« gearbeitet. Ziel ist es, die Entwicklung, Planung und Produktion durchgängig zu simulieren und damit die Basis für eine Optimierung zu schaffen.

Spreekreuz

Am Ende der beiden Spreebögen fährt man in das sogenannte Spreekreuz ein. Hier zweigen der Landwehrkanal und der Charlottenburger Verbindungskanal von der Spree ab. Letzterer führt zum Westhafenkanal und zu Berlins größtem Hafen, dem Westhafen. Der Landwehrkanal verläuft fast parallel zur Spree und mündet nach zwölf Kilometern am Osthafen in die Spree.

Doch wir bewegen uns weiter flussabwärts. Auf der Fahrt Richtung Spreemündung folgt nach dem Wasserstraßenkreuz am rechten Ufer das Kraftwerk Charlottenburg. Der kohlenbetriebene Kraftwerksteil wurde 2001 stillgelegt. Die Kohlenentladeanlage und der 125 Meter hohe Kraftwerksschornstein wurden 2006 abgerissen. In dem weithin sichtbaren orangefarbenen Kraftwerksgebäude produzieren heute drei Gasturbinen elektrische Energie. Am Spreeufer befindet sich jetzt ein Wanderweg. Folgt man dem Weg weiter, taucht am linken Ufer das Schloss Charlottenburg auf. 1695 begannen die Bauarbeiten am Schloss.

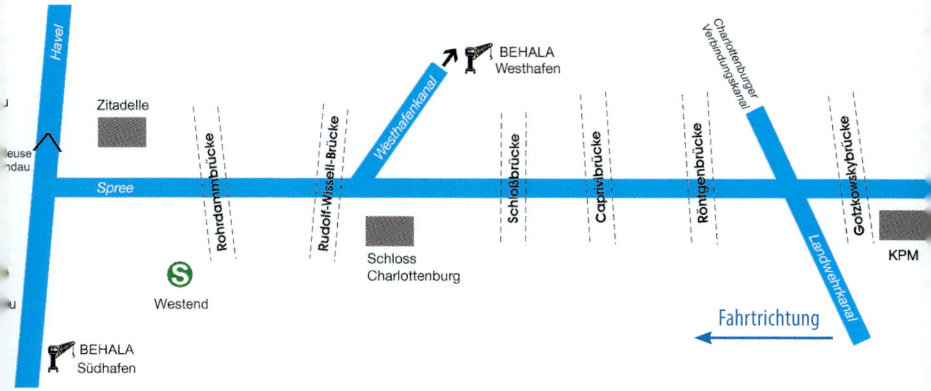

Kraftwerk Charlottenburg

Sieben Hohenzollerngenerationen prägten die Bau- und Nutzungsgeschichte. Heute ist das Schloss Berlins größte noch erhaltene Hohenzollernresidenz und dient als Museum. Hervorzuheben sind insbesondere die Eichengalerie, das Porzellankabinett, die Rote Kammer und das Audienzgemach der Königin Sophie Charlotte.

Industriegiganten

Vor der Schleuse Charlottenburg knickt die Spree rechtwinklig nach Westen ab. Die erste Schleuse in Charlottenburg wurde 1883 bis 1885 gebaut. Die neue 115 Meter lange und 12,5 Meter breite Schleusenkammer wurde 2003 für die Schifffahrt freigegeben. Die Schleuse überbrückt einen Höhenunterschied von 1,3 Metern. Bei Bedarf kann auch noch die alte Schleusenkammer genutzt werden. Auf der Weiterfahrt erstrecken sich linker Hand eine Reihe von Gartenkolonien, ehe auf beiden Uferseiten das Industriegebiet Ruhleben/Spandau durchfahren wird. Am rechten Ufer ist das imposante Kraftwerk Reuter West zu erkennen, es ist mit 600 Megawatt das leistungsstärkste in Berlin. Die Kesselanlagen werden ausschließlich mit Steinkohle befeuert. Der Tagesverbrauch liegt bei ca. 3.500 Tonnen. Durch die gleichzeitige Erzeugung von Strom und Wärme wird bei der Brennstoffenergie ein Ausnutzungsgrad von 80 Prozent erreicht. Die Versorgung mit Steinkohle erfolgt vorwiegend mit Binnenschiffen. Die Entladung übernehmen leistungsfähige Schiffsentlader und Bandanlagen.

Unmittelbar gegenüber dem Kraftwerk befindet sich Berlins einzige Müllverbrennungsanlage. Dort werden jährlich ca. 500.000 Tonnen Hausmüll verbrannt. Neben der Verbrennungsanlage liegt das Klärwerk Ruhleben. Es schließt

Zitadelle Spandau

sich die Halbinsel Sophienwerder an, auf der sich mehrere Baustoffunternehmen angesiedelt haben. An der Spitze der Halbinsel zweigt von der Spree der Ruhlebener Altarm ab. In ihm liegt die letzte Berliner Werft für Binnenschiffe, die »Deutsche Industrie Werke«. Die Werft hat eine 70 mal 90 Meter große Schiffbauhalle und eine 85 Meter lange Querslipanlage, auf der die Schiffe zu Wasser gelassen werden. Die Werft führt sowohl Reparaturen als auch Neubauten durch. Zum Schiffbauprogramm gehören Motorgüterschiffe, Fahrgastschiffe und Schlepper. Eines der schönsten auf der Werft gebauten Fahrgastschiffe ist die »Havel Queen«. Dieser exklusive und stilvolle Nachbau eines Mississippi-Raddampfers fährt auf den Berliner Gewässern, wird allerdings von einem Dieselmotor angetrieben. Das Schiff bietet in drei Salons 340 Innen- und auf dem Sonnendeck 400 Außenplätze.

Spreemündung

Bei Spandau mündet die Spree in die Havel, unauffällig, kaum Strömung – eben typisch für einen Flachlandfluss. Unmittelbar an der Spreemündung liegt die Zitadelle Spandau. Sie wurde zwischen 1560 und 1594 erbaut und ist ein bedeutendes Baudenkmal der Renaissance. Ehemals als Wehranlage errichtet, dienen die Bauten heute kulturellen Veranstaltungen. Hier kann man das Museum der Militärgeschichte Preußens besichtigen oder Werkstätten und Ateliers besuchen.

Der Kolk ist das älteste Siedlungsgebiet in Spandau. Dort findet man Reste der alten Stadtmauer aus dem 14. Jahrhundert, romantische Gassen, schiefe Fachwerkhäuser und das einzig erhaltene mittelalterliche Bürgerhaus Berlins, das

Spreemündung in die Havel bei Spandau

Gotische Haus. Spandaus Altstadt hat Flair. Hier macht ein Einkaufsbummel zu jeder Jahreszeit Spaß. Besonders beliebt ist der Spandauer Weihnachtsmarkt.

In Spandau sind zwei Restaurationen besonders zu empfehlen. Die eine befindet sich auf der Insel, auf der im 16. Jahrhundert die Zitadelle errichtet wurde, und die andere an der historischen Stadtmauer im Gebäude einer Feuerwache aus dem 19. Jahrhundert. Essen in der Zitadellen-Schänke bedeutet eine kulinarische Reise ins Mittelalter. Erlebnishungrige Touristen werden hier mit den Essgewohnheiten der Ritter vertraut gemacht. Gabel und Löffel liegen nicht auf dem Tisch. Gegessen wird aus Tiegeln und Pfannen mit Messern und Händen. Der Begrüßungstrunk wird im Bullerhorn gereicht.

Dort wo in Spandau einst die Stadtmauer verlief, am historischen Kolk, steht das gleichnamige Restaurant. Es präsentiert sich elegant-rustikal in einem alten Fachwerkbau.

Schleuse Spandau

Die Spreemündung teilt die Havel in Ober- und Unterhavel. Letztere fließt bergab Richtung Westen zur Elbe. Die Oberhavel verläuft Richtung Norden zu den Rheinsberger Gewässern und der Mecklenburger Seenplatte. Auf der Fahrt Richtung Norden passiert man zuerst die neue Schleuse Spandau. Sie wurde 2002 in Betrieb genommen, nachdem die alte, 1911 gebaute Schleuse nach 80-jährigem Betrieb 1993 wegen möglichem technischem Versagen gesperrt werden musste. Die neue Schleuse hat eine nutzbare Kammerlänge von 115 Metern, eine Breite von 12,5 Metern und eine Wassertiefe von vier Metern. Die Hubhöhe je Schleusung beträgt 2,4 Meter. Eine Schleusenfüllung benötigt insgesamt 4.500

Sechserbrücke in Tegel

Kubikmeter Wasser. Um den regen Bootsverkehr zügig abwickeln zu können, hat die Schleuse eine 255 Meter lange Bootsschleppe. Hier werden kleine Sportboote neben der Schleusenkammer auf einen Wagen gesetzt und von Hand zum Ober- bzw. Unterwasser gezogen.

Tegeler See

Von der Schleuse Spandau kommend, fährt man an der Einmündung des Berlin-Spandauer-Schifffahrtskanals vorbei und erreicht den 375 Hektar großen Tegeler See. Am Tegeler Fließ, einem Zufluss zum Tegeler See, befinden sich die Greenwichpromenade, das Schloss Tegel und der Hafen Tegel. Tegel ist ein Stadtteil von Reinickendorf. Dessen Partnerstadtteil in London heißt Greenwich, wonach die Promenade ihren Namen erhielt. Zahlreiche kleinere Fahrgastreedereien haben hier ihre Anlegestelle. Die dörfliche Idylle Tegels erlebt man besonders eindrücklich, wenn man vom U-Bahnhof über die Fußgängerzone »Alt Tegel« zu den Anlegestegen spaziert. Die alten Vorstadthäuser geben dem Viertel ein ganz eigenes Gepräge.

Die industrielle Entwicklung Tegels begann 1896 mit der Verlegung der Fabrik des Unternehmers Borsig an den Tegeler See. Einst wurden in den Fabriken Lokomotiven gebaut. Heute befindet sich auf dem Industrieareal ein Einkaufs- und Bürocenter. Die Villa Borsig liegt auf der Halbinsel Reiherwerder, wo heute die deutsche Stiftung für internationale Entwicklung ihren Sitz hat. Sehenswert auf der Havel-Nord-Route ist auch das Schloss Tegel. Ursprünglich ein Landhaus für Joachim II. aus dem 16. Jahrhundert, wurde es Ende des 17. Jahrhunderts zum Jagdschloss des Großen Kurfürsten umgebaut. 1765 erwarb es die Familie

Blick auf den Tegeler See

von Humboldt. Das Schloss wurde dann in der Zeit von 1821 bis 1824 durch Karl Friedrich von Schinkel im klassizistischen Stil erweitert. Die Humboldtbibliothek am Tegeler Hafen gehört gleichfalls zu den Sehenswürdigkeiten. Der Tegeler Hafen wurde 1970 als Rationalisierungsmaßnahme und zur städtebaulichen Neuorientierung geschlossen. Heute hat sich rund um den ehemaligen Hafen Tegel ein interessantes Wohngebiet entwickelt. Auf dem Weg von den Schiffsanlegern zum Schloss überquert man die Sechserbrücke. Sie überspannt die Einfahrt zum Tegeler Hafen und hat ihren Namen vom Brückenzoll, den man einst für eine Passage erhob. Ein »Sechser« waren früher fünf Pfennige.

Insellandschaft

Auf der Fahrt von Tegel Richtung Süden zum Wannsee werden eine Reihe kleinerer und größerer Inseln passiert. Die kleinste Insel ist Lindwerder, die größte folgt mit Scharfenberg. Dort befindet sich die Schulfarm Insel Scharfenberg, ein staatliches Gymnasium und Internat, in dem die mitspracheberechtigten Schüler auch praktische Fähigkeiten erlernen. 1931 gründete der Reinickendorfer Schüler Hans Coppi auf der Insel eine Zelle des kommunistischen Jugendverbandes. Er und seine Frau Hilde gehörten später zur Schulze-Boysen-Harnack-Widerstandsgruppe, die gegen den Krieg kämpfte. Hans und Hilde Coppi wurden nach Aufdeckung der Widerstandsgruppe 1942 hingerichtet.

Ehe sich die Havel Richtung Norden wendet, werden die Inseln Baumwerder, Valentinswerder und Marienwerder passiert. Am Nordufer erkennt man Tegelort. Hier befanden sich einst zahlreiche Tanzlokale wie Seeschlösschen, Seeblick,

Hafen Tegel

Seegarten oder Bellevue, die von den Berlinern gerne aufgesucht wurden. Auf der Fahrt von Tegelort havelabwärts erkennt man am linken Ufer die Wasserstadt Spandau, in der mit dem Credo »Wohnen am Wasser« eine ganz neue Wohnqualität geschaffen wurde. Auf der Rückfahrt wird im Spandauer See die Insel Eiswerder passiert. In den gründerzeitlichen Gebäuden befinden sich Fernsehstudios. Die Insel ist das Herzstück der Wasserstadt Spandau.

Hinter der Altstadt Spandau befindet sich linker Hand der zur BEHALA gehörende Südhafen, in dem heute vorwiegend Papier und Baustoffe umgeschlagen werden. Anschließend passieren wir den Grunewald, Berlins größtes Waldgebiet, mit dem weithin sichtbaren 56 Meter hohen Grunewaldturm sowie die Inseln Lindwerder und Schwanenwerder.

Die 22.000 Quadratmeter große Insel Lindwerder ist als Partyinsel ein Kleinod in Berlin. Auf ihr stehen lediglich zwei Häuser. Hier kann man die Ruhe genießen und Spezialitäten aus der deutschen Küche verkosten. Erreichbar ist die Insel nur via Fähre.

Die nächste Insel, Schwanenwerder, ist über eine Brücke mit dem Festland verbunden. Sie war einst eine Prominenteninsel. Vor dem Ersten Weltkrieg wohnten auf der Insel z. B. der Warenhausbesitzer Rudolph Karstadt, der Inhaber der Schokoladenfabrik Trumpf, Richard Monheim, der Generaldirektor der Schultheiss Brauerei Walter Sobernheim sowie einige angesehene Bankdirektoren. Während des Zweiten Weltkrieges wohnten dort Nazigrößen wie Joseph Goebbels. Heute befinden sich auf der Insel neben neuen, modernen Villen auch eine Kindererholungsstätte, ein Jugendfreizeitzentrum und ein Zeltplatz. Bei der Weiterfahrt auf der Havel passieren wir als Nächstes die Pfaueninsel. Sie

Blick über den Wannsee

kann von Ausflugsschiffen nicht direkt angelaufen werden. Diese müssen am gegenüberliegenden Havelufer festmachen, von wo aus Besucher mit der Fähre übersetzen können. Der Fährpreis ist gleichzeitig der Eintrittspreis für die Insel. Die Pfauen brachte die Königin Luise, die Frau von Friedrich Wilhelm III., auf die Insel. Das Schloss auf der Insel ist eines der Wahrzeichen Berlins. Friedrich Wilhelm II. ließ es 1794 bis 1797 erbauen. Neben den Pfauen waren hier bald auch Schweine, Kühe, Büffel, Hirsche und später sogar Tiere aus fernen Welten wie Kängurus, Affen, Schlangen und Alligatoren untergebracht. Diese Tiere bildeten den Grundstock für die Gründung des Berliner Zoos im Jahr 1841. Zu dieser Zeit wurde die Tierhaltung auf der Insel aufgegeben.

Wannseerundfahrt

Nach der Vorbeifahrt an der Insel Schwanenwerder hat man einen wunderschönen Blick über den Großen Wannsee. Er ist eine 260 Hektar große Havelbucht, die bis zu neun Metern tief ist. Bis zur Mitte des 19. Jahrhunderts standen an den Ufern dieser Gegend nur Fischerhütten und Bauernhäuser – heute findet man hier zahlreiche Villen und einen Bootsanleger neben dem anderen. Von hier aus kann man eine Rundfahrt über sieben Seen starten. Eine solche Tour beginnt an der Anlegestelle Wannsee, in deren Nähe gleichzeitig die S-Bahn einen Haltepunkt hat. Durch den Bahnanschluss erhielt der Ortsteil Wannsee ein neues Zentrum. Am Westufer des Wannsees in der Hausnummer 42 wohnte der Maler Max Liebermann. Er war zeitweise Präsident der Berliner Akademie der Künste. Ebenfalls auf der Westseite ist das Haus der Wannsee-Konferenz gelegen, das heute Gedenk- und Bildungsstätte ist. Hier fanden am 20. Januar 1942 Verhand-

Uferpanorama der Seenrundfahrt

lungen der Ministerialbürokratie und der SS zur sogenannten Endlösung der Judenfrage statt. Weitere heute noch erhaltene Villen in Wannsee sind die des Verlegers Carl Langenscheidt, des Fabrikanten Herz, des Bankiers Arons und des Wissenschaftsverlegers Ferdinand Springer. Der Volksmund nannte die Gegend Wannsee-Villenkolonie oder auch Millionenclub.

Auf der Ostseite des Großen Wannsees befindet sich das Strandbad Wannsee. Es wurde 1907 auf Betreiben des Teltower Landrates Ernst von Stubenrauch eröffnet. Um den Berlinern damals schon Ostseefeeling zu vermitteln, wurde der erste Sand auch von der Ostsee, vom Timmendorfer Strand, herangeholt. Heute kommt der Sand gleicher Qualität aus den brandenburgischen Sandgruben. Nach dem Durchfahren der Brücke, über die die Fernverkehrsstraße B1 verläuft, erreichen wir den kleinen Wannsee. Hier finden Wassersportler ideale Trainingsbedingungen vor und so haben viele Ruderclubs auch hier ihr Zuhause.

Der nächste See in der Kette rund um die Wannseeinsel ist der Pohlesee. Östlich dieses Sees befindet sich der Düppeler Forst. Es folgt der Stölpchensee. Stolpe/Wannsee ist heute ein Standort der weißen Industrie: Zahlreiche medizinische und wissenschaftliche Einrichtungen, unter anderem das Hahn-Meitner-Institut für Kernforschung, haben hier ihren Sitz. Auch Berlins einziger Atommeiler ist in Stolpe zu finden.

Auf der Weiterfahrt erreichen wir die Stadtgrenze zu Potsdam und die Einmündung des Teltowkanals. Dort befindet sich Kohlhasenbrück. Schon vor dem Bau des Teltowkanals überspannte an dieser Stelle eine Brücke das Flüsschen Bäke. Hans Kohlhase soll an dieser Stelle einen Silberschatz ins Wasser geworfen haben, den er dem Adel geraubt hatte. Dafür wurde Kohlhase später auf dem

Die Glienicker Brücke ist die berühmteste zwischen Berlin und Potsdam

heutigen Strausberger Platz hingerichtet. Unmittelbar hinter Kohlhasenbrück beginnt am linken Ufer der Potsdamer Ortsteil Griebnitzsee.

Neu-Babelsberg

Auf der Fahrt über den Griebnitzsee erkennt man linker Hand Neu-Babelsberg. Die erste Villa im einstigen Nobelviertel entstand 1874. Nach der Etablierung der Filmstadt Babelsberg und der Geschäftsübernahme durch die Ufa wurde Neu-Babelsberg ein Domizil der Schönen und Reichen. Berühmte Stars wie Heinz Rühmann, Anni Ondra, Brigitte Horney, Lilian Harvey und Marika Rökk hatten hier ihren Wohnsitz. Nach dem Zweiten Weltkrieg wohnten während der Verhandlungen zum Potsdamer Abkommen Stalin, Truman und Churchill in Neu-Babelsberg. US-Präsident Truman gab aus der ehemaligen Villa des Verlegers Müller-Grothe den Befehl zum Abwurf der Atombombe über Japan. Während der DDR-Zeit hatte u.a. die Staatliche Hochschule für Film und Fernsehen »Konrad Wolf« ihren Sitz in Neu-Babelsberg.

Auf der Weiterfahrt folgt der von Lenné und Fürst Pückler gestaltete Schlosspark Babelsberg. Auf der gegenüberliegenden Seite befinden sich der Park und das Jagdschloss Glienicke, die im 17. Jahrhundert entstanden. Schinkel und Lenné verliehen dem Anwesen ein mediterranes Flair – so wie es sich der damalige Besitzer, Prinz Carl von Preußen, gewünscht hatte.

Bevor es weiter zum Jungfernsee geht und damit der siebente See der Rundreise durchfahren wird, muss die Glienicker Brücke unterquert werden. Sie bildet die Grenze zwischen Berlin und dem Land Brandenburg. Einst wechselten auf ihr während der Zeit des Kalten Krieges Agenten die Seiten. Der spektaku-

Potsdam-Panorama

lärste Austausch fand am 10. Februar 1962 statt. Damals wurde der amerikanische Pilot Gary Powers, der mit seinem Spionageflugzeug über der Sowjetunion abgeschossen worden war, gegen den sowjetischen Geheimdienstoberst Rudolf Abel, der in New York als Fotograf gelebt hatte, ausgetauscht. Heute kann die Brücke von jedermann überquert werden. In Fahrtrichtung am linken Ufer liegt Potsdam, die Landeshauptstadt Brandenburgs.

Potsdam

Potsdam wird oft als die »preußischste Stadt« Deutschlands bezeichnet. Die Havel mit ihrer Seenkette, aber auch die Architektur und Geschichte der Stadt machen einen Besuch in Potsdam lohnenswert.

Eine Fahrt von der Glienicker Brücke havelabwärts führt über die Glienicker Lake in den Tiefen See. Linker Hand wird als Erstes am Ufer das Kleine Schloss sichtbar. Es wurde ursprünglich als Gartenhaus konzipiert und diente nach einem Umbau 1842 dem Kronprinzen Friedrich Wilhelm als Wohnort. Oberhalb des kleinen Schlosses thront Schloss Babelsberg. Es trägt mit seinen Zinnen und Türmen englische Züge. Dem Architekten Schinkel diente Schloss Windsor als Vorbild. Nach Fertigstellung des Schlosses zogen die Hofdamen in das Kleine Schloss, was ihm den Beinamen »Damenschloss« einbrachte. Den Schlössern folgen auf der gleichen Uferseite das Matrosenhaus und der Flatowturm. Das Matrosenhaus wurde 1842 errichtet und diente den Mannschaften der zu Schloss Babelsberg gehörenden Schiffe als Unterkunft. Oberhalb des Matrosenhauses steht der 46 Meter hohe Flatowturm. Er hat seinen Namen von der westpreußischen Domäne Flatow, die Wilhelm unterstand. Für den Bau des Flatowturmes

Hafen Potsdam

diente das Eschenheimer Tor in Frankfurt/Main als Vorbild. Auf der gegenüberliegenden Seite des Flatowturmes befindet sich am Ufer des Tiefen Sees das Erlebnisquartier Schiffbauergasse. Dort wo einst Windmühlen standen und Dampfschiffe gebaut wurden, befindet sich heute Potsdams Kulturcity. Zu finden sind hier am Uferpark mit Flaniermeile, das 2006 eingeweihte neue Hans Otto Theater, das in der historischen Reithalle untergebrachte Kinder- und Jugendtheater sowie das denkmalgeschützte Waschhaus, das früher als Garnisonswäscherei fungierte und heute für Lesungen und Diskoveranstaltungen genutzt wird.

Nach Durchfahren der Humboldtbrücke ist rechter Hand die Seniorenresidenz Heilig Geist Park zu erkennen. Ursprünglich stand an diesem Ort die Heilig Geist Kirche. Sie wurde im Zweiten Weltkrieg stark beschädigt und 1974 endgültig abgetragen. Erbaut wurde die Kirche 1725 bis 1728 durch den »Soldatenkönig« Friedrich Wilhelm I. An dieser Stelle gabelt sich das Fahrwasser und vor uns liegt die sechs Hektar große Freundschaftsinsel.

Am rechten Ufer auf der Potsdamer Seite sind zwei imposante Gebäude zu erkennen: das alte Rathaus und die Nikolaikirche. Das Verwaltungsgebäude ist der vierte Rathausbau der Stadtgeschichte Potsdams. Er wurde 1755 nach Plänen von Johann Boumann dem Älteren fertiggestellt. Den Turm ziert ein vergoldeter Atlas, der die Weltkugel trägt. Die danebenstehende Nikolaikirche, deren Bau von 1830 bis 1850 dauerte, ist ein Werk Friedrich Schinkels. Die an gleicher Stelle stehende barocke Kirche war Jahre zuvor abgebrannt.

Auf der Weiterfahrt verbindet die Lange Brücke die Potsdamer Innenstadt mit der Teltower Vorstadt. Der erste Havelübergang an dieser Stelle datiert aus dem

Blick zum Schloss Babelsberg

14. Jahrhundert. Nachdem die deutsche Wehrmacht in den letzten Kriegstagen die Brücke selbst gesprengt hatte, dauerte es über 30 Jahre, bis 1978 ein Brückenneubau eingeweiht werden konnte. Unmittelbar hinter der Brücke befinden sich der Lustgarten und die Anleger für die Potsdamer Fahrgastschifffahrt.

Die Schiffe der Weißen Flotte in Potsdam werden auch »Havelschwäne« genannt. Wohl deshalb, weil sie so majestätisch wie die stolzen Wasservögel wirken. Theodor Fontane hat diesen Schwänen in seinen »Wanderungen durch die Mark Brandenburg« ein Gedicht gewidmet:

Die Havelschwäne
Da geht's an ein Picken,
An ein Schlürfen, an ein Hacken;
Sie stürzen einander über die Nacken,
Schieben sich, drängen sich, reißen sich,
Jagen sich, ängsten sich, beißen sich,
Und das all um ein Stück Brot.

Potsdamer Schlösser

Doch wenden wir uns vom Anleger der Weißen Flotte aus zurück havelaufwärts. Gleich hinter der Glienicker Brücke befinden sich etwas erhöht das Schloss Glienicke und unmittelbar am Ufer das Casino Glienicke. Beide wurden von Schinkel entworfen. Der sich hinter den Bauten erstreckende 116 Hektar große Volkspark Klein Glienicke ist eine Schöpfung von Lenné.

Fährt man auf den Jungfernsee hinaus, erkennt man linker Hand auf der Potsdamer Seite das Schloss Cecilienhof. Weltbekannt wurde das Schloss durch die

Schloss Cecilienhof

Potsdamer Konferenz der Siegermächte des Zweiten Weltkrieges vom 17. Juli bis 2. August 1945, an deren Ende die Unterzeichnung des Potsdamer Abkommens stand. Die Sitzungszimmer und Konferenzräume gehören heute zur Gedenkstätte.

Im Schlosshotel Cecilienhof findet man ein gepflegtes Ambiente, das zur Erholung der Seele, Durchführung von Tagungen und zur Auseinandersetzung mit der Geschichte einlädt.

Erbaut wurde das Schloss Cecilienhof in den Kriegsjahren 1913 bis 1917 im Neuen Garten als Wohnsitz im englischen Landhausstil mit Backstein, dekorativen Schornsteinen und viel Fachwerk. Das Schloss diente als Wohnsitz des Kronprinzenpaares Herzogin Cecilie von Mecklenburg-Schwerin und Wilhelm von Preußen.

Mit der Gestaltung des Neuen Gartens wurde 1787 Johann August Eyserbeck, Sohn des Schöpfers des Wörlitzer Parks bei Dessau, beauftragt. Der 74 Hektar große Landschaftspark ist das Pendant zum Alten Garten in Sanssouci und wurde später von Lenné umgestaltet. Er erstreckt sich zwischen Havel, Jungfernsee und Heiligem See. Am Ufer des Jungfernsees ist das Dampfmaschinenhaus zu erkennen. Über die Pumpenanlage im Inneren des Hauses erfolgte die Wasserversorgung des Parks. Ursprünglich wurde das Maschinenhaus als Meierei mit angeschlossenem Kuhstall genutzt.

Im Zentrum Potsdams liegen Park und Schloss Sanssouci. Der Park wurde als Zier- und Nutzgarten angelegt und ist zu jeder Jahreszeit einen Spaziergang wert. Das majestätische Schloss Sanssouci wurde von 1745 bis 1747, in der damaligen Rekordzeit von nur zwei Jahren, für Friedrich den Großen nach Plänen von Knobelsdorff gebaut. Später folgten die Orangerie als Gästeschloss, die Bilderga-

Nauener Tor in Potsdam

Auf der Potsdamer Havel

lerie als Ausstellungsgebäude für flämische, italienische und französische Meister sowie das Neue Palais als Wohnschloss der Hohenzollern.

Die wunderschöne Havellandschaft mit ihren Seen und Flussschleifen veranlasste Preußens Könige, daraus ein einzigartiges Ensemble aus Gärten, Parks und Schlössern zu formen.

Auf der Fahrt von Potsdam zurück nach Berlin auf der Havel ist als Erstes im Norden die Sacrower Heilandskirche zu sehen. In ihr finden heute an den Wochenenden Sportschiffergottesdienste statt. Früher kam hierher der König mit seinem Hofstaat zur Andacht. Auf der Weiterfahrt havelaufwärts ist wieder die Pfaueninsel zu erkennen und am rechten Ufer das Blockhaus Nikolskoe sowie die Kirche St. Peter und Paul. Das Blockhaus ist ein Geschenk des Königs Friedrich Wilhelm III. an den russischen Zaren Nikolaus I. Dieser hatte die Tochter des Königs, Charlotte, geheiratet und lebte hier während seiner Brandenburg-Aufenthalte. Heute ist Nikolskoe eine Restauration mit einem wunderschönen Blick auf die Havel. Die rechteckige Saalkirche im Rundbogenstil, St. Peter und Paul, ließ der König auf Wunsch seiner Tochter bauen. Zu jeder vollen Stunde ist hier das Glockenspiel der Potsdamer Garnisonkirche zu hören.

Auf den wunderschönen idyllischen Havelseen werden verschiedene Fahrten mit den Schiffen der Weißen Flotte angeboten.

Havelseen-Rundfahrt

Fast drei erholsame Stunden bietet die Havelseen-Rundfahrt von Spandau nach Potsdam. Sie führt durch die Altstadt von Spandau mit der St. Nicolaikirche, entlang der Villa Lemm, über den Großen Wannsee, mit Halt an der Pfauenin-

Blick auf Werder

sel, vorbei am Blockhaus Nikolskoe mit der Kirche Peter und Paul, entlang der Sacrower Heilandskirche, der Glienicker Brücke und dem Glienicker Schloss zum Schloss Cecilienhof und dem Schloss Babelsberg.

7-Seen-Rundfahrt

In zwei Stunden führt diese oben bereits ausführlicher beschriebene Tour vom Großen Wannsee über sieben Havelseen: den Kleinen Wannsee, den Stölpchensee, den Pohlesee, den Griebnitzsee, die Glienicker Lake, den Jungfernsee und über die Havel zurück zum Anleger Wannsee.

Ausflugsfahrt von Wannsee nach Werder

Die große Ausflugsfahrt von Wannsee nach Werder führt über Kladow, die Pfaueninsel, Potsdam, Kiewitt, den Templiner See, Caputher Gmünd, Schwielowsee, Baumgartenbrück bis zur Inselstadt Werder. Hier besteht die Möglichkeit zu einem einstündigen Landgang, bevor die Rückfahrt über die gleiche Strecke beginnt. Besonders zu empfehlen ist diese Fahrt im Frühjahr zur Baumblüte.

Schlösser-Rundfahrt

Die Schlösser-Rundfahrt bietet einen Ausflug in die Zeit der Hohenzollerndynastie. Sie führt entlang dem Park Babelsberg mit dem Schloss Babelsberg, dem Flatowturm, der Gerichtslaube und dem Kleinen Schloss, dem Volkspark Glienicke mit dem Casino und dem Ensemble Nikolskoe sowie der Kirche Peter und Paul, dem Schloss auf der Pfaueninsel, der Heilandskirche in Sacrow, dem Neuen Garten mit Schloss Cecilienhof und dem Marmorpalais.

Auf dem Landwehrkanal

Von Charlottenburg nach Kreuzberg

Blick auf den Landwehrkanal im Herbst

Zu den schönsten Touren, die man als Wassertourist in Berlin machen kann, gehört eine Brückenfahrt durch die Innenstadt. Dabei geht es auf der Spree durch den historischen Stadtkern und das Regierungsviertel sowie über den Landwehrkanal. Insgesamt werden 65 Brücken passiert. Die Fahrt auf dem Landwehrkanal beginnt am Unterlauf der Spree, am Wasserstraßenkreuz, an dem der Charlottenburger Verbindungskanal Richtung Westhafen abzweigt und der Landwehrkanal seinen Lauf Richtung Oberbaumbrücke und Osthafen nimmt.

In der Nähe dieses Spreekreuzes liegen eine Reihe von Büro- und Dienstleistungsgebäuden. Sie entstanden bis 1997 und werden als »Spreeresidenz Charlottenburg« bezeichnet. Besonders augenfällig sind die beiden an der Flusskrümmung spiegelsymmetrisch zueinander stehenden sechsgeschossigen Bürogebäude von Jürgen Sawade. Charakteristisch ist hier die sehr schlichte Architektur ohne erkennbaren Sockel und Dachabschluss.

Der Landwehrkanal wurde nach siebenjähriger Bauzeit 1850 eröffnet. Der rund zwölf Kilometer lange Kanal folgt zu über der Hälfte seiner Länge dem Vorfluter der Spree, dem Landwehrgraben. Vorfluter sind natürliche oder künstliche Gewässer, in die Abwasser oder Drainagewasser eingeleitet werden können. Der Landwehrkanal diente in seinen Anfangsjahren der Entwässerung, als Bad für seine Anwohner sowie als Transportweg für die Binnenschifffahrt. Für die Versorgung mit Obst, Bau- und Brennstoffen entstand an den Ufern ein System von Ladestraßen. Der Ausbau des Kanals für Odermaßschiffe veränderte zwar das Profil des Kanals, die sehr niedrigen Brücken jedoch wurden nicht angehoben. Die Folgen erleben wir heute noch: Bei einer Fahrt durch den Landwehrkanal geht es »eng« zu und man darf nicht vergessen, den Kopf einzuziehen,

Am Charlottenburger Tor war früher die Stadtgrenze

wenn eine Brücke passiert wird. Übrigens kommt der Name »Landwehr« aus dem Fachgebiet des Festungsbaus. Landwehrgräben dienten als Grenzbefestigung oder zur Sperrung von Zugängen. Der einstmals natürliche Landwehrgraben hatte die Aufgabe, den Zugang zu den Siedlungen an der Spree auf dem Landweg zu erschweren.

Heute dient der Kanal ausschließlich touristischen und wasserwirtschaftlichen Zwecken. Sogar eine »politische Geschichte« hat der Kanal aufzuweisen: die Leichen von Rosa Luxemburg und Karl Liebknecht wurden nach ihrer Ermordung durch Angehörige der Gardekavallerie-Schützendivision am 15. Januar 1919 in den Wasserlauf geworfen.

Am Salzufer

Die erste Brücke nach der Einfahrt in den Landwehrkanal vom Spreekreuz aus ist die Heinrich-Dove-Brücke, die nach dem Physiker und Meteorologen benannt wurde. Nach Durchfahren der nächsten Brücke, der Marchbrücke, erkennen wir linker Hand das Salzufer. Hier befand sich das königliche Salzmagazin. Das Salz kam aus Lüneburg an der Ilmenau und später aus Bernburg an der Saale. Heute befindet sich am Salzufer die Berliner Niederlassung von Mercedes-Benz. Das gläserne Verkaufshaus entstand 1998.

Technische Universität

Auf der gegenüberliegenden Seite des Salzufers am Einsteinufer liegt die Technische Universität Berlin. Sie ist Deutschlands größte technische Lehranstalt, an der rund 32.000 Studenten in über 90 Studiengängen eingeschrieben sind.

Heinrich-Dove-Brücke

Gegliedert ist die TU Berlin in acht Fakultäten. Das zwischen 1876 und 1881 errichtete Hauptgebäude mit Zügen der italienischen Hochrenaissance wurde im Zweiten Weltkrieg schwer zerstört. Besonders sehenswert ist der restaurierte Lichthof.

Charlottenburger Tor und Schleuseninsel

Am Charlottenburger Tor wird die Charlottenburger Brücke unterfahren. Das Tor in seiner heutigen Form entstand 1908 und wurde während der Zeit der Nationalsozialisten im Zuge des Ausbaus der sogenannten Ost-West-Achse (heute Straße des 17. Juni) geteilt. Die Torhälften befinden sich dadurch beiderseits der Charlottenburger Brücke. Jedes Wochenende findet hier auf der Straße des 17. Juni Berlins wohl berühmtester Trödel- und Kunstmarkt statt.

Unmittelbar nach Durchfahren der Brücke sieht man linker Hand, vor Erreichen der Schleuseninsel, das Restaurantschiff »Capt'n Schillow«. Heute liegt dieses Schiff, das auf eine lange Schifffahrtsgeschichte zurückblicken kann, hier fest vor Anker. Bevor es in Berlin festmachte, war es der Vereinssitz des Emder Yacht Clubs. Seinen heutigen Namen trägt das Schiff zu Ehren des Kapitäns Werner Schillow (1919–1998). Er war Schiffsmakler und Nautiklehrer in Hamburg und Berlin und gründete eine der ersten Privatreedereien in Berlin.

Hinter dem Restaurantschiff sind im Flutgraben eine Reihe von Hausbooten zu erkennen. Derartige Liegeplätze gibt es nur wenige in der Berliner Innenstadt. Für so einen Liegeplatz muss man mit dem Wasserstraßenamt Berlin einen Pachtvertrag abschließen, wofür eine wasserbehördliche Genehmigung einzuholen ist. Und da die Hausboote schifffahrtsrechtlich als schwimmende Anlagen

Mercedes-Welt am Salzufer

gelten, benötigt man darüber hinaus eine Zulassung der Boote und muss regelmäßig Revisionen durchführen lassen.

Vor der Einfahrt in die Unterschleuse passieren wir die 1901 gegründete Versuchsanstalt für Wasserbau und Schiffbau. Im Tiergarten weithin sichtbar ist das blaue Gebäude mit den riesigen rosaroten Röhren. Dort werden Strömungsmessungen und Schleppversuche an Schiffsmodellen zur Entwicklung neuer Schiffsformen und Antriebsanlagen durchgeführt. Besonders auffällig ist der große Umlauftank, der einen Durchmesser von acht Metern hat. Im Rohrkreislauf befindet sich eine Turbine, die die Strömung erzeugt. Für die Schiffsmodelle gibt es im Keller einen 100 Meter langen Schleppkanal. Während zu Kaiserzeiten Planungen und Forschungen für die Entwicklung der deutschen Kriegsflotte betrieben wurden, werden heute Formen für moderne Containerschiffe und Luxusliner am Modell getestet. Das alles ist mittlerweile Geschichte. Nach dem Zweiten Weltkrieg war die Anstalt eine Einrichtung des Landes Berlin. Ab 1994 gehörte sie zur Technischen Universität Berlin und 2013 wurde der Versuchsbetrieb gänzlich eingestellt. Da das gesamte Ensemble auf der Schleuseninsel unter Denkmalschutz steht, wird es saniert und bleibt der Nachwelt erhalten.

Die Unterschleuse im Tiergarten wird von der Stadtbahnbrücke überspannt. Rechter Hand liegt nur ca. 300 Meter entfernt der Bahnhof Zoologischer Garten. Die Tiergehege des Berliner Zoos reichen an dieser Stelle bis an den Kanal heran. Eröffnet wurde Deutschlands ältester Zoo 1844. Mit 20.000 Tieren und 1.600 Arten ist der Berliner Zoo eine der artenreichsten Tiersammlungen der Welt.

Die Unterschleuse, so kurios das auch klingen mag, wurde nicht für die Schifffahrt gebaut. Hier hätte die Oberschleuse am Ausgang zur Spree ausge-

Die Schleuseninsel mit der ehemaligen Versuchsanstalt für Wasserbau und Schiffbau

reicht. Peter Joseph Lenné plante den Bau der Unterschleuse, damit im Kanal immer ein gleichmäßiger Stand angestautes Wasser vorhanden ist, um damit den Tiergarten über ein internes Fließsystem ganzjährig mit ausreichend Wasser versorgen zu können. Der Tiergarten, einst aus sandigen Anhöhen bestehend, wurde von Lenné im Stil englischer Landschaftsgärten gestaltet. Dazu gehörte auch ein System von Röhren zur Bewässerung des Gartens.

Einst war der Tiergarten Jagdgebiet und Ausrittareal der Hohenzollern. Heute ist er Volkspark und wird von vielen Joggern, Radfahrern und Spaziergängern genutzt. Mit 200 Hektar geschlossener Grünfläche ist er zugleich der größte Garten Europas.

Auf der Weiterfahrt befindet sich zwischen den nächsten beiden Brücken, der Corneliusbrücke und der Herkulesbrücke, auf der linken Seite auf dem Klingelhöfer Dreieck die CDU-Bundeszentrale. Das Haus hat die Form eines Schiffes. Die Wohnungen und Büros im Klingelhöfer Dreieck gehören zu den exponiertesten und teuersten in Berlin. Hier haben auch die nordischen Botschaften der skandinavischen Staaten ihre Residenz.

Unmittelbar hinter der Herkulesbrücke liegt rechter Hand das Hotel Esplanade. Es gehört zu Berlins Luxushotels der postmodernen Art.

Bauhausarchiv und Diplomatenviertel

Das Bauhaus-Archiv wurde 1979 eröffnet und dient als Ausstellungs- und Forschungsstätte zur Geschichte des Bauhauses. Begründet wurde diese Schule für Gestaltung 1919 von Walter Gropius in Weimar. Sie wurde 1925 nach Dessau verlegt und prägte in den 1920er-Jahren die Baukunst und das Industriedesign.

Schleuse im Tiergarten

Zum 100. Jubiläum erhält das Gropius Museum in Berlin einen Erweiterungsbau. Das Interesse ist groß und 700 Quadratmeter Ausstellungsfläche sind einfach zu wenig. Nach dem Bauhausarchiv quert der Hiroshima-Steg, eine Fußgängerbrücke, den Kanal.

Auf der gleichen Uferseite wie das Bauhausarchiv sticht die Landesvertretung von Bremen mit ihrem altrosa »Outfit« ins Auge. Da sich hinter diesem Gebäude weitere Landesvertretungen und Botschaften befinden, wird dieses Quartier auch Diplomatenviertel genannt. Kurz vor der Bendlerbrücke liegt der Bendlerblock, seit dem Regierungsumzug Sitz des Verteidigungsministeriums. Hier befand sich einst das Reichsmarineamt und im dahinterliegenden Gebäude der Stab des Ersatzheeres unter Leitung von Graf Stauffenberg. Nach dem misslungenen Attentat auf Hitler am 20. Juli 1944 wurden Stauffenberg und seine Mitstreiter hingerichtet. 1967 wurde im Bendlerblock die Gedenkstätte »Deut-

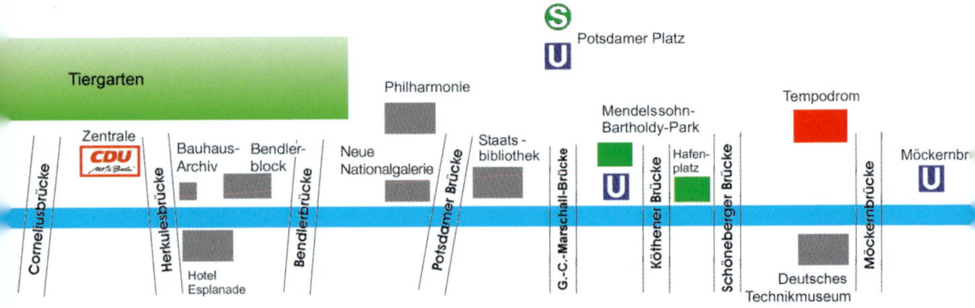

Bauhaus-Archiv

scher Widerstand« eingerichtet. Heute werden an dieser Stelle regelmäßig junge Rekruten vereidigt.

Kulturforum

Nach dem Durchfahren der Bendlerbrücke sehen wir linker Hand die Neue Nationalgalerie und die Staatsbibliothek Preußischer Kulturbesitz. Architekt der Neuen Nationalgalerie ist Ludwig Mies van der Rohe, der mit der gläsernen oberen Halle des Museums 1968 in seinem letzten eigenständigen Werk den Gedanken des großen Universalraumes realisierte. Er wurde als Direktor des Dessauer Bauhauses bekannt und musste während der Nazizeit nach Amerika flüchten.

Die Staatsbibliothek preußischer Kulturbesitz ist die größte wissenschaftliche Bibliothek Berlins. Sie wurde von Hans Scharoun entworfen und 1978 den Lesern übergeben. Vor dem goldeloxierten Büchermagazin liegen flachere Gebäude mit einer großen Fensterfront: die Lesesäle.

Hinter der Staatsbibliothek ist die Philharmonie erkennbar. In dem ebenfalls von Hans Scharoun zwischen 1960 und 1963 errichteten Gebäude spielen die weltbekannten Berliner Philharmoniker. Die besondere Architektur des Gebäudes, das zeltartige Dach auf dem fünfeckigen Grundriss, zieht schon von Weitem alle Blicke auf sich. Verstärkt wird die Besonderheit der Architektur durch die außen angebrachten goldeloxierten Platten. Im Innern befindet sich ein Saal, in dem die Zuhörer auf drei Ebenen rund um das Orchester sitzen und die hervorragende Akustik genießen können, die durch von der Decke hängende Schallsegel und andere Reflektoren erzeugt wird.

Philharmonie

Potsdamer Platz

Vom Wasser aus weithin sichtbar folgt als Nächstes die neue Mitte Berlins: der Potsdamer Platz. Er galt in den 1920er-Jahren als der meist befahrene Platz Europas. Hier stand Deutschlands erste Verkehrsampel, hier schlug das Herz der Metropole Berlin – hier war alles lebendig und ständig in Bewegung. Heute ist der Potsdamer Platz wieder Zentrum einer Metropole: modern, weltoffen und anziehend.

Gleich nach der deutschen Wiedervereinigung schrieb der Berliner Senat einen städtebaulichen Wettbewerb für die Bebauung des Potsdamer Platzes aus. Auf dieser Grundlage folgten mehrere Architekturwettbewerbe. Bedeutende Architekten wie Renzo Piano, Hans Kollhoff oder Richard Rogers gaben dem neuen Potsdamer Platz sein unverwechselbares Aussehen. Dazu gehören heute die Potsdamer Platz Arkaden, eine 180 Meter lange Einkaufspassage, die Hotels The Ritz-Carlton und Berlin Marriott, das Sony- und das Beisheim Center, die Passerelle, eine überdachte Passage zum Flanieren, die Tower- und Parkside Apartmenthäuser sowie die Park Kolonnaden als Büros, Theater und Kinos.

Etwas vom Landwehrkanal abgelegen, an der Neuen Potsdamer Straße, befindet sich das Sony Center. Dort hat nicht nur die Deutsche Bahn ihre Zentrale, hier finden wir auch das Filmmuseum Berlin sowie den Sony Stile Store. In Letzterem laden Technik, Entertainment und Gastronomie zum Verweilen ein.

Integriert in das Sony Center ist auch das alte Grandhotel Esplanade. In ihm hielt Kaiser Wilhelm II. seine berühmten Herrenabende ab. Erhalten geblieben sind von diesem historischen Hotel die vier denkmalgeschützten Säle, der Kaisersaal, der Frühstückssaal, der Palmenhof und der Silbersaal. Der Kaisersaal

Wolkenkratzer am Potsdamer Platz

wurde mit Hydraulikstempeln angehoben und auf einem Luftkissen um 75 Meter versetzt, was eine ingenieurtechnische Meisterleistung war.

Erhalten geblieben ist auch das Weinhaus Huth. Es war nach der Zerstörung Berlins das letzte Haus am alten Potsdamer Platz. Nachdem die Daimler Benz AG als damaliger Investor das denkmalgeschützte Haus erworben hatte, wurde es in die Entwicklung des neuen Gebäudeensembles einbezogen.

Einen besonderen Stellenwert erhielt während der Planung und der Bebauung die Nachhaltigkeit. So wurde der Begriff »Baulogistik Potsdamer Platz« während des Baus zum Markennamen. Ver- und Entsorgung der verschiedenen Baustellen erfolgten via Bahnhof Gleisdreieck mit der Eisenbahn und via Landwehrkanal mit der Binnenschifffahrt. Den Kurzstreckenverkehr übernahmen dann LKWs über eine eigens dafür über den Landwehrkanal errichteten Bücke. Zur Nachhaltigkeit trugen auch die Verwendung umweltgerechter Baustoffe, die Nutzung des auf den Dächern aufgefangenen Regenwassers, eine zentrale Mülltrennung, ein unterirdisches Ver- und Entsorgungszentrum zur Reduzierung des oberirdischen Verkehrs sowie der Verzicht auf Klimaanlagen durch den Einsatz intelligenter Lüftungs- und Fassadensysteme bei. Auch ein See mit 1,3 Hektar Fläche wurde als Biotop angelegt.

Verkehrs- und Technikgeschichte

Auf der Weiterfahrt finden wir zwischen Köthener und Schöneberger Brücke eine Parkanlage, den Mendelssohn-Bartholdy-Park, der durch eine Straße, die sich Hafenplatz nennt, erschlossen wird. Selbstverständlich befand sich hier früher ein echter Hafen. Es war der Schöneberger Hafen, eine trapezförmige,

Blick aufs Sony Center

130 Meter lange und 90 Meter breite Aufweitung des Kanals, der im Jahr 1852 als Berlins erster Hafen eröffnet wurde. Nach 100 Jahren Nutzung musste der Betrieb aber eingestellt werden.

Technikgeschichte können wir auch 300 Meter weiter auf der rechten Uferseite in Augenschein nehmen. Dort befindet sich das Deutsche Technikmuseum Berlin. Deutlich zu erkennen ist es an dem über dem Neubau schwebenden »Rosinenbomber« sowie an dem nahe gelegenen hochinteressanten Verkehrsknotenpunkt. Hier kreuzen sich fünf Verkehrswege: die an dieser Stelle als Hochbahn geführte älteste deutsche U-Bahnlinie, die unter der Erde verlaufenden S-Bahn- und Fernbahnlinien, die parallel verlaufende Straße sowie der Wasserweg. Der als Blickfang aufgehängte Rosinenbomber hat für Berlin einen hohen Symbolwert. Dieser Flugzeugtyp, eine Douglas C-47, versorgte die Stadt während der Blockadezeit 1948/49 mit Lebensmitteln und Brennstoffen.

Das 1983 eröffnete Technikmuseum hat seinen Sitz auf dem ehemaligen Betriebsgelände und in Gebäuden des Anhalter Güterbahnhofs. Der innovative Erweiterungsbau aus dem Jahr 2001 ist als Niedrigenergiehaus konzipiert. Alle tragenden Konstruktionen und die Haustechnik sind aus didaktischen Gründen sichtbar geblieben.

Die Verkehrs-, Produktions-, Kommunikations- und Energietechniken werden hier in 14 Abteilungen auf 25.000 Quadratmetern präsentiert. Zu finden sind Lokomotiven, Flugzeuge, Autos, Schiffs- und Wasserbaumodelle, Werkzeugmaschinen, Dieselmotoren, Druckpressen, Dampfmaschinen u.a.m. Hervorzuheben sind auch die Oldtimersammlung und der Nachbau der ersten programmierbaren Rechenmaschine Z1 von Konrad Zuse.

Tempelhofer Ufer

Hinter dem Museumsgebäude befindet sich ein sechs Hektar großer Naturmuseumspark. In ihm kann man historische Bahnanlagen, funktionsfähige Wind- und Wassermühlen sowie eine Hammerschmiede und eine historische Brauerei in Augenschein nehmen. Ebenfalls zum Museum gehört das eine Querstraße weiter in der Möckernstraße 26 gelegene Science Center Spectrum. Dort werden ca. 150 Experimente und physikalische Phänomene unseres Lebens und der Natur erklärt. Ebenfalls zur Stiftung Deutsches Technikmuseum Berlin gehören neben dem Technikmuseum und dem Science Center das Zucker-Museum im Wedding, die Archenhold-Sternwarte in Treptow und das Zeiss-Großplanetarium in Prenzlauer Berg.

Unmittelbar auf Höhe des Technikmuseums quert der Anhalter Steg, eine Fußgängerbrücke, den Landwehrkanal. Sie zeigt den Weg zum ehemaligen Anhalter Bahnhof, damals einer der größten Kopfbahnhöfe Europas. Der Bahnhof wurde im Krieg stark zerstört. Bis auf das erhalten gebliebene Portal wurden alle Überreste des Bahnhofs abgerissen. Auf dem Gelände hat heute das mit seinem zeltartigen Betondach weithin sichtbare Tempodrom eine neue Heimat gefunden. Die Architektur soll an die Ursprünge dieses wichtigen Berliner Veranstaltungsortes erinnern: ein ausgedientes Zirkuszelt.

Deutsches Technikmuseum

Vom Urbanhafen zur Oberschleuse

Vor der Mehringbrücke ist linker Hand im Hintergrund das Willy-Brandt-Haus, in dem die Bundeszentrale der SPD ihren Sitz hat, zu sehen. Am Halleschen Tor finden wir die gleichnamige U-Bahnstation als Hochbahnhof über dem Kanal. Unter dem Landwehrkanal verläuft an dieser Stelle in Nord-Süd-Richtung die U-Bahnlinie 6 von Alt-Tegel nach Mariendorf. Am Halleschen Tor beginnt auch die Friedrichstraße, Berlins neue/alte attraktive Einkaufsmeile. Vor der Waterloobrücke befindet sich hinter der oberirdisch geführten U-Bahn eine Außenstelle des europäischen Patent- und Markenamtes.

Nach Durchfahren der Waterloobrücke liegt linker Hand das Prinzenbad, ein Schwimmbad, auf dessen Gelände bis 1952 Gasometer standen. Der erste Direktor der Berliner Gasanstalt hieß Baerwald. Nach ihm wurde die nächste Kanalbrücke benannt. Zwischen der Baerwald- und der Admiralbrücke fahren die Schiffe in den ehemaligen Urbanhafen ein. Von dem 1896 in Betrieb genommenen Areal ist heute jedoch nicht mehr viel zu erkennen. Übrig geblieben ist lediglich auf der rechten Uferseite eine Kanalaufweitung. Dort liegt das Restaurantschiff van Loon. Das Schiff ist ein nachempfundener holländischer Frachtensegler, der seit 2011 zum Essen und Trinken einlädt. Zuvor lag über 22 Jahre das historische Original der van Loon, ein Tjalk (Frachtensegler für Binnenwasserstraßen), im Urbanhafen. Das eigentliche Hafenbecken wurde in den 1960er-Jahren zugeschüttet und darauf das Urbankrankenhaus errichtet. Gegenüber dem Urbanhafen mündete früher der Luisenstädtische Kanal in den Landwehrkanal. Auch dieser Kanal wurde von Lenné geplant. Die Schiffe konnten somit vom Urbanhafen Richtung Spree (die Mündung lag in Höhe der Schillingbrücke) quer durch Berlin

Restaurantschiff van Loon im Urbanhafen

fahren. Der Verlauf dieser Wasserstraße lässt sich heute noch im Stadtbild ablesen. Dazu folgt man dem Erkelenzdamm, über den Wassertorplatz hinweg, zum Engelbecken und über den Engeldamm bis zur Schillingbrücke.

Am Kottbusser Tor grenzen die Stadtteile Kreuzberg und Neukölln aneinander. Die linke Seite des Kanals nennt sich Paul-Lincke-Ufer. Paul Lincke war ein Kreuzberger Komponist, der durch zahlreiche Operetten und Lieder wie »Das ist die Berliner Luft«, »Glühwürmchen« und »Frau Luna« berühmt wurde. Auf der gegenüberliegenden Seite, am Maybachufer, findet wöchentlich am Dienstag und Freitag ein vielbesuchter Markt mit orientalischem Flair statt.

Wilhelm Maybach war ein enger Mitarbeiter Gottlieb Daimlers. Er erfand den Vergaser und konstruierte Wechselgetriebe sowie Lamellenkühler. 1909 gründete er zusammen mit seinem Sohn Karl und unter Mitwirkung von Graf Zeppelin in Friedrichshafen am Bodensee die Maybach Motorenbau GmbH zur Herstellung von Motoren für Luftschiffe.

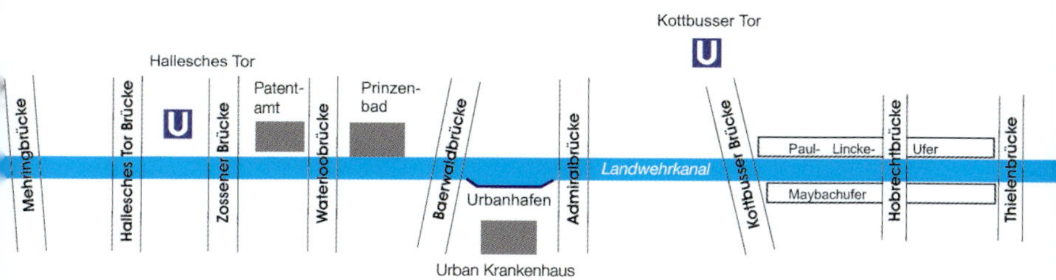

Gegenüber dem Osthafen mündet der Landwehrkanal in die Spree

Auf der Weiterfahrt zweigt rechts der Neuköllner Schifffahrtskanal ab. Er stellt die Verbindung zum Teltowkanal her. Auf der Strecke zwischen dem Neuköllner Schifffahrtskanal und der Spree verlief bis 1989 rechter Hand unmittelbar am Ufer die Mauer.

Vor Erreichen der Oberschleuse sieht man auf der linken Seite den Görlitzer Park. Auf dem Parkareal lag einstmals der Görlitzer Bahnhof, ein Fernbahnhof für Züge Richtung Görlitz und Lausitz. Er wurde in den 1970er-Jahren abgerissen. Vor der Einfahrt in die Spree müssen nun noch die Schlesische Brücke und die Oberschleuse passiert werden. In der Schleuse werden die Schiffe um einen halben Meter angehoben. Manchmal steht das Schleusentor für die Durchfahrt der Schiffe auch offen. Dann ist der Normalwasserstand im Landwehrkanal unter den Pegel der Spree gesunken. Der künstliche Wasserlauf wird in diesem Fall via offene Oberschleuse mit Spreewasser gespeist. Mit dem Einlaufen in die Spree gegenüber dem Osthafen findet die Brückenfahrt durch den Landwehrkanal ihren Abschluss.

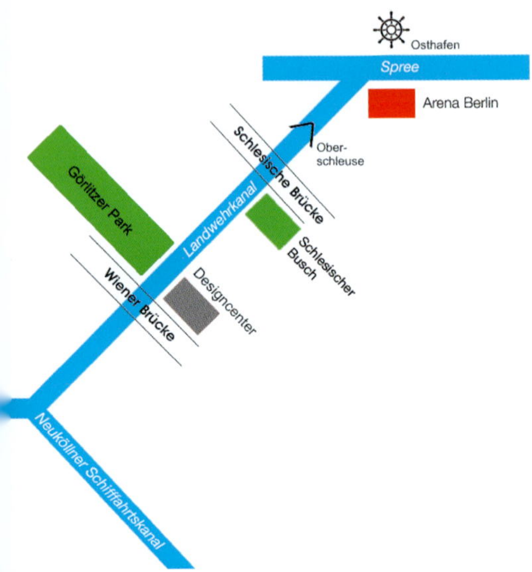

Blick auf den Flutgraben des Landwehrkanals

Industriestrecke Teltowkanal

Von der Dahme zur Havel

Heizkraftwerk Lichterfelde am Teltowkanal

Der 38 Kilometer lange Teltowkanal schafft im Süden Berlins eine Abkürzung von der Spree und der Dahme zur Havel. Die Strecke über die Spreemündung in Spandau zur Havel und weiter nach Potsdam ist dagegen rund 16 Kilometer länger. Dabei sind zwei Schleusen sowie die stark frequentierte Stadtspree zu durchfahren, was ca. acht Stunden mehr Zeit kostet.

Den Namen verdankt der Kanal der Stadt Teltow. Teltow liegt vor den Toren Berlins und entwickelte sich um die Wende zum 20. Jahrhundert zu einem wichtigen Industriestandort. Billige Transportwege wurden gefordert und so begann man 1900 mit dem ersten Spatenstich zum Bau des Teltowkanals. Sechs Jahre später konnte er eröffnet werden. Da der neue Kanal eine Reihe von Verkehrswegen durchschnitt, mussten insgesamt neun Eisenbahnbrücken und 46 Straßenbrücken neu gebaut werden. Die Schiffe wurden damals in Konvois getreidelt, d.h. sie wurden von Lokomotiven an Land gezogen. Insgesamt standen 20 solcher Gleichstrom-Treidelloks zur Verfügung. Entwickelt wurden die Loks, die eine Leistung von zwei mal acht PS hatten, von der Firma Siemens. Die Treideltechnologie wurde 1904 auf der Weltausstellung in St. Louis, USA, präsentiert. Nachgenutzt wurde diese Technologie dann an den Schleusen am Panamakanal. Es war somit eine bahnbrechende Erfindung, die sich bis heute erhalten hat.

In der Blütezeit der Binnenschifffahrt gab es am Teltowkanal 15 Häfen. Die Schiffe müssen in seinem Verlauf nur eine Schleuse in Kleinmachnow passieren.

Wasserstraßenkreuz

Der Teltowkanal zweigt in Grünau von der Dahme ab. Zur Hauptstrecke des Teltowkanals gelangt man auch von der Spree aus über den Britzer Verbindungskanal oder von Norden her über den Neuköllner Schifffahrtskanal. Am Wasserstraßenkreuz in Britz treffen sich diese Wasserwege und der Teltowkanal nimmt seinen Lauf Richtung Teltow und Potsdam. Unmittelbar am Wasserstraßenkreuz befindet sich der Hafen Britz Ost. Dort liegen heute Schiffe der Wasserschutzpolizei und der Wasserstraßenverwaltung.

Gartenstadt Britz

Namensgeber des Ortes Britz war ein Herr Britzke, dem im 14. Jahrhundert ein Großteil der Ländereien der Gemarkung gehörte. Fast 500 Jahre später, 1864, siedelte sich hier die Gärtnerei Späth an. Diese Firma hat Britz als Baumschulen- und Gartenstadt berühmt gemacht. Später versuchte man an diese Tradition anzuknüpfen, besonders augenfällig im Britzer Garten, der drei Kilometer südwestlich vom Schiffsanleger entfernt liegt. Auf dem 90 Hektar großen Areal fand 1985 die Bundesgartenschau statt. Die großzügig gestalteten Blumen-, Gehölz- und Wiesenflächen bieten bis heute vielfältige Möglichkeiten zur individuellen Freizeitgestaltung.

Am Wasserstraßenkreuz in Britz befindet sich der Hafen für die technische Flotte

Tempelhof

Als Nächstes folgt auf der Kanalfahrt am rechten Ufer der Hafen Tempelhof. Er ist der größte Hafen am Teltowkanal und entstand parallel zum Kanalbau. Nur zwei Jahre nach Kanaleröffnung ging 1908 der Speicher des Hafens in Betrieb. Über fünf Stockwerke wurden auf 21.000 Quadratmetern Lagerfläche Getreide, Stückgüter und unverzollte Waren eingelagert. Während der Berlin-Blockade 1948/49 wurden via Flughafen Tempelhof 2,3 Millionen Tonnen Güter eingeflogen. 75 Prozent davon wurden logistisch über den Hafen Tempelhof abgewickelt. Das war zur damaligen Zeit eine Meisterleistung. Bis 2002 wurden im Speicher noch Möbel eingelagert und im Hafen Schrott umgeschlagen. 2004 wurde das Grundstück schließlich verkauft und neu beplant.

Rund um das ca. 160 mal 80 Meter große Hafenbecken sind neue Gebäude für die verschiedensten Nutzungen entstanden. Kernstück des Gebäudeensembles ist ein denkmalgerecht sanierter Speicher, der durch architektonisch anspruchsvolle Gebäude flankiert wird. Auf einer Nutzfläche von ca. 35.000 Quadratmetern ist hier ein neues Stadtquartier entstanden, das Einkaufsmöglichkeiten, Kultur- und Freizeitangebote miteinander verbindet. Die unmittelbare Lage am Wasser und die Einbeziehung der Hafenanlagen in die vor allem gastronomische Nutzung machen das Center zu etwas Besonderem und Einmaligem in Berlin. Es ist Berlins einziges Shoppingcenter mit Marina und Wasserstraßenanschluss.

Direkt gegenüber dem Hafen Tempelhof befindet sich das 1926 erbaute Ullstein-Haus. Der Architekt Professor Schmohl entwarf dieses erste Stahlbeton-Hochhaus Berlins für den Ullstein-Verlag. Der 72 Meter hohe Turm des Hauses

Der Hafen Tempelhof ist über 100 Jahre alt und steht unter Denkmalschutz

Uferpromenade am Tempelhofer Hafen

gilt als Wahrzeichen des Bezirks. Wo früher Zeitungen gedruckt wurden, hat heute die Modebranche eine Heimat. 1987 etablierte sich hier das Mode-Center-Berlin, in dem mittlerweile alle Modesparten vertreten sind.

Nördlich des Hafens Tempelhof (vom Schiff aus freilich nicht zu sehen) liegt der bereits erwähnte gleichnamige Flughafen. Der Flughafen Tempelhof war einst Europas größter Airport. Er wurde 1923 in Betrieb genommen. Seine höchste Auslastung erlebte er während der Berlin-Blockade 1948/49 durch die Versorgungsflüge der West-Alliierten. Während dieser Zeit erfolgte fast alle zwei Minuten eine Landung. 2008 wurde der Flughafen geschlossen. Er wird jetzt im Ergebnis eines Volksentscheides als Park genutzt. Vor der Weiterfahrt auf dem Teltowkanal kann unterhalb des Hafens Tempelhof, an der Stubenrauchbrücke, am dortigen Anleger der Fahrgastschifffahrt zu- oder ausgestiegen werden.

Von Mariendorf nach Lichterfelde

Setzt man die Schiffstour fort, dann kommen am linken Ufer Gartenkolonien und nach der Teubertbrücke der Hafen Mariendorf zum Vorschein. Er gehört zum ehemaligen Gaswerk Mariendorf und wird heute ebenfalls nicht mehr genutzt. Das Gaswerk ging 1901 in Betrieb und war eines von einst 29 Gaswerken in Berlin. 1996 wurde hier die Gasproduktion eingestellt. Heute wird auf dem ehemaligen GASAG-Gelände ein Solarkraftwerk betrieben und verschiedene Transportunternehmen erbringen logistische Dienstleistungen. Als Nächstes erreicht der Wassertourist den Stadtteil Steglitz, der 1375 gegründet wurde und seit 1920 zu Berlin gehört. Zu diesem Zeitpunkt hatte Steglitz 20.000 Einwohner und galt als das »größte Dorf Preußens«. Der Ortskern und der Botanische Gar-

ten befinden sich ein Stück vom Wasser entfernt. Im Botanischen Garten sind 25 Meter hohe Schaugewächshäuser zu bewundern, in denen alle Vegetationszonen der Erde vertreten sind. Der Schiffsanleger Steglitz für Ausflugsschiffe befindet sich am Nordufer des Teltowkanals gegenüber dem Hafenbecken. Der Hafen selbst hat heute für die Frachtschifffahrt keine Bedeutung mehr. Er ist Heimathafen des Motor-Rennboot-Clubs sowie Standort für das Energie-Museum Berlin. Steglitz ist ein Stadtteil mit einer hohen Wohnqualität, die Schloßstraße ist eine bei vielen Berlinern beliebte Einkaufsmeile.

Südlich des Hafens befindet sich der Fliegerberg, den Otto Lilienthal eigens für seine Flugversuche aufschütten ließ. Auf der gegenüberliegenden Seite des Hafens liegt das Universitätsklinikum Benjamin Franklin, eines der größten Krankenhäuser Berlins.

An den Ufern des Teltowkanals wurde vor über 100 Jahren im Sog des Kanalbaus Industrie angesiedelt, da man hier Rohstoffe und Fertigprodukte kostengünstig an- und abtransportieren konnte. Deshalb gibt es auf dieser Strecke eine Vielzahl von Hafenanlagen. So finden wir auf der Weiterfahrt in Richtung Westen als Nächstes das Kraftwerk Lichterfelde mit seiner Anlegestelle. Das Kraftwerk ist eines von insgesamt zehn großen Heizkraftwerken der Stadt. Ein neues klimafreundliches Gas- und Dampfturbinenkraftwerk, das auf dem alten Kraftwerksgelände errichtet wird, soll das alte Kraftwerk 2016 ablösen. Es hat eine Kapazität von ca. 230 MW Fernwärme und ca. 300 MW Strom.

Nach dem Passieren der Eugen-Kleine-Brücke wird die Stadtgrenze Berlins erreicht. Am Nordufer des Kanals erstreckt sich der Stadtbezirk Steglitz-Zehlendorf und südlich die Stadt Teltow. Hier zweigt der einen Kilometer lange Zehlen-

Zehlendorfer Stichkanal

dorfer Stichkanal vom Teltowkanal ab. Dieser Stichkanal ist heute ein Biotop und Anglerparadies. Am Ende des Stichkanals befand sich der Hafen Zehlendorf, der ebenso wie der zwei Kilometer entfernt am Teltowkanal liegende Hafen Sachtlebenstraße nicht mehr für den Güterumschlag genutzt wird. Damit ist die Fahrt auf dem Teltowkanal fast beendet. Ins Blickfeld kommt abschließend ein imposantes Wasserbauwerk: die Schleuse Kleinmachnow.

Kleinmachnow

Der Ort Kleinmachnow hat der Schleuse ihren Namen gegeben. Diese trennt die Spree- von der Havelhaltung, wobei ein Höhenunterschied von 2,8 Metern überwunden wird. Seit 1941 hat die Schleuse drei Kammern, von denen die größte für 85 Meter lange und zwölf Meter breite Schiffe nutzbar ist. Die Verlängerung einer Schleusenkammer auf 190 Meter für große Schubverbände, wie nach der deutschen Wiedervereinigung im Verkehrsprojekt Deutsche Einheit Nr. 17 vorgeschlagen und auch planfestgestellt, ist seit vielen Jahren umstritten und noch offen. 2005 erhielt die Schleuse für den öffentlichen Straßenverkehr eine neue Schleusenbrücke. Unmittelbar vor der Schleuse liegt am Ufer des Machnower Sees die letzte Anlegestelle der Fahrgastschifffahrt im Teltowkanal. Nördlich des Sees thront auf dem 62 Meter hohen Seeberg die Neue Hakeburg. Die alte Hakeburg stand auf der Südseite des Kanals neben der heute noch erhaltenen Dorfkirche von Kleinmachnow. Kleinmachnow, ein gepflegter Vorort Berlins, gehörte über fast 500 Jahre der Familie von Hake. Die Neue Hakeburg mit ihrem vom Wasser aus sichtbaren Turm wurde zwischen 1906 und 1908 vom Gutsbesitzer Dietloff von Hake errichtet. Ihr weitläufiges Gelände war während des Zweiten

Schleuse Kleinmachnow

Weltkrieges Domizil der Reichspostforschungsanstalt, in der unter anderem moderne Waffen- und Kommunikationstechnik entwickelt wurde. Die Burg selbst bewohnte der Reichspostminister. Nach 1947 war hier der Sitz mehrerer Parteischulen und ein Gästehaus der SED. Zum Burgensemble gehörte auch eine Mühle aus dem Jahr 1696. Hinter der Schleuse Kleinmachnow passiert der Fahrgast vor Einfahrt in die Havel den Griebnitzsee mit der Silhouette von Neubabelsberg und damit die Stadt Potsdam.

Ins Berliner Umland und weiter weg

Schiffstrog im Hebewerk Niederfinow

Man kann heute mit Fahrgastschiffen aus Berlins Mitte in alle Himmelsrichtungen fahren:

Nach Norden

über die Havel zu den Mecklenburger Gewässern.

Nach Osten

über den Oder-Havel-Kanal zur Oder und flussabwärts zur Ostsee bzw. über den Oder-Spree-Kanal ebenfalls zur Oder und flussaufwärts zu ihrer Quelle.

Nach Süden

zur Dahmewasserstraße und den Storkower Gewässern.

Nach Westen

über die Havel und den Elbe-Havel-Kanal zur Elbe und auf dieser zur Nordsee oder stromaufwärts nach Tschechien. Bei einer Weiterfahrt am Wasserstraßenkreuz Magdeburg Richtung Westen kommt man über den Mittellandkanal zum Rhein.

Es gibt viele Möglichkeiten sich in und um Berlin auf dem Wasser zu erholen. Dabei können die zahlreichen und gut ausgebauten Wasserwege touristisch oder zum Wassersport genutzt werden. Das an Berlin angrenzende Brandenburg ist mit ungefähr 3.000 Seen und ca. 30.000 Kilometern Fließgewässern das wasserreichste Bundesland Deutschlands. Hier gibt es für Paddelboote ca. 6.500 Kilometer und für Motorboote ca. 1.600 Kilometer ausgewiesene Wasserwege.

Für die Touristen werden verschiedene Tagesfahrten auf dem Wasser oder auch kombinierte Fahrten mit Schiff und Bus bzw. mit Schiff und Rad angeboten. Darüber hinaus gibt es auch Mehrtagesfahrten mit Kabinenschiffen als Flusskreuzfahrten, die sich immer größerer Beliebtheit erfreuen.

Tagestouren

Seenrundfahrt um die Müggelberge

Vom Hafen Treptow führt die Tour durch die Altstadt Köpenick zu Berlins größtem See, dem Müggelsee. Er ist 4,3 Kilometer lang und erstreckt sich auf einer Fläche von 7,4 Quadratkilometern. An der tiefsten Stelle misst er acht Meter. Jährlich finden auf dem See zahlreiche Segelregatten statt. Am Ufer in Friedrichshagen befindet sich seit 1930 das bei Berlinern sehr beliebte Strandbad Müggelsee. Vor Einfahrt in den See unterquert der Spreetunnel die Müggelspree und verbindet die Ortsteile Friedrichshagen und Köpenick. Nach der Überquerung des Müggelsees geht es vorbei an den idyllischen Wassergrundstücken

Vor Einfahrt in den Müggelsee wird die »Spree-Arche« passiert

Neu-Venedigs. Über den Dämeritzsee und den Gosener Kanal geht es zum Seddinsee und von dort via Regattastrecke Grünau zurück zum Ausgangspunkt Innenstadt. Bei dieser Rundtour werden die Müggelberge, die mit 115 Metern Höhe höchsten Berge Berlins, umfahren. Dabei ist fast während der gesamten Tour der auf dem Kleinen Müggelberg stehende 82 Meter hohe Müggelturm, ein Aussichtspunkt, zu sehen.

Verkürzte Touren führen aus der Berliner Innenstadt zum Müggelsee und zurück.

Große Berlin-Potsdam-Rundtour

Diese Fahrt führt von Berlin-Ost nach Potsdam, von dort nach Berlin-Nord und, den Kreis schließend, nach Berlin-Ost in Treptow. Eine solche Rundtour von der Spree über den Britzer Verbindungskanal, den Teltowkanal, die Havel und wieder zur Spree führt vorbei an Berlins Industrie-, Kultur- und Regierungsgeschichte sowie an Potsdams schönste Sehenswürdigkeiten. Während dieser über achtstündigen Fahrt erleben Sie an Bord viel Sehenswertes in und um Berlin.

Zur Schleuse Woltersdorf

Der Hafen Treptow und das Märkische Ufer an der Jannowitzbrücke sind die Ausgangspunkte für Fahrten zur Woltersdorfer Schleuse. Dabei geht es auf der Spree durch die Köpenicker Altstadt und Friedrichshagen zum Großen Müggelsee und auf der Müggelspree an Neu-Venedig vorbei, durch den Dämeritzsee nach Erkner und weiter bis zur Schleuse Woltersdorf. Die Schleuse liegt zwischen Kalk- und Flakensee. Im Jahr 2000 wurde sie in der vierten Generation

Durch die Schleuse Woltersdorf geht es zu den Rüdersdorfer Gewässern

neu gebaut. Vor 500 Jahren entstand die erste Schleuse, als der Abbau des Rüdersdorfer Kalks begann und Binnenschiffe den Abtransport übernahmen. Rund um die Schleuse befinden sich Ausflugslokale und eine Liebesquelle, deren Wasser für eine nie endende Liebe sorgen soll. Von hier aus geht die Fahrt nach einem Aufenthalt wieder auf dem gleichen Weg zurück.

Ausflugsfahrt nach Rüdersdorf

Alternativ wird als eine zweite Tour auch eine Weiterfahrt durch die Woltersdorfer Schleuse nach Rüdersdorf angeboten.

Rüdersdorf, bekannt durch seinen Kalksteinbruch, versorgt bereits seit dem 16. Jahrhundert Berlin mit Kalk und Zement. Eigens hierfür ist der Schifffahrtsweg nach Rüdersdorf ausgebaut worden. Von hier kamen die Baustoffe für das Brandenburger Tor, das Schloss Sanssouci und viele bedeutende Berliner Bauwerke. Sehenswert in Rüdersdorf und während des dortigen Aufenthaltes unbedingt zu empfehlen ist ein Besuch im Museumspark Rüdersdorf. Hier gibt es interessante Industriearchitektur zu bewundern. Die Produktions- und Verwaltungsgebäude aus mehreren Jahrhunderten gehören zu den bedeutendsten Industriedenkmälern Deutschlands. Durch den Park werden verschiedene thematische Führungen angeboten. Diese beinhalten geologische und historische Exkursionen sowie Jeep- und Mountainbiketouren.

Die Rückfahrt von Rüdersdorf nach Berlin führt um die Müggelberge herum, durch den Dämeritzsee und den Gosener Kanal in den Seddinsee. Von hier aus geht die Fahrt weiter auf der Dahme zur Regattastrecke auf dem Langen See in Grünau und zurück zum Start- und Zielpunkt in die Berliner City.

Schloss Köpenick

Nach Neue Mühle

Vom Hafen Treptow führt die Fahrt zur Köpenicker Altstadt und weiter auf der Dahme durch Grünau zum Zeuthener See. Von Zeuthen geht es dahmeaufwärts Richtung Niederlehme und Königs Wusterhausen. An der Autobahnbrücke ist linker Hand das Kalksandsteinwerk zu erkennen. Ehe die Dahme einen starken Linksschwenk macht, ist der Hafen Königs Wusterhausen zu sehen. Er ist der leistungsstärkste Hafen im Land Brandenburg. Mit seinen zwei Waggonkippanlagen und fünf Kränen werden hier jährlich über zwei Millionen Tonnen Güter umgeschlagen.

Nach der Vorbeifahrt an den Waggonkippanlagen wird die Schleuse Neue Mühle erreicht. Die erste Erwähnung eines Mühlenstaus an der Dahme datiert aus dem Jahr 1478. Der Name »Neue Mühle« hat sich bis in unsere Zeit gehalten. Die erste Schleuse entstand 1739. Heute können maximal Finowmaßschiffe mit 40,8 Metern Länge und 5,3 Metern Breite die Schleuse passieren. Hinter der Schleuse wird der Krimnicksee erreicht. Eine Rundfahrt auf dem Krimnicksee bildet die Wendeschleife für die Rückfahrt nach Berlin.

Ins Havelland

Vom Anleger an der Greenwichpromenade am Tegeler See führt die Rundtour über den Tegeler und den Spandauer See. Nach Durchfahren der Schleuse Spandau geht die Fahrt weiter auf der Havel, vorbei am Wannsee und der Pfaueninsel Richtung Jungfernsee. Über den Jungfernsee erreicht man den Sacrow-Paretzer-Kanal. Durch den 1876 freigegebenen Schifffahrtsweg verkürzt sich die zurückzulegende Entfernung für die Schifffahrt zur Elbe im Vergleich zur

Pfaueninsel

Havelstrecke durch Potsdam, den Schwielowsee und Werder um 13,5 Kilometer. Seit dem Kanaldurchstich wird die Havelstrecke um Potsdam und Werder als »Potsdamer Havel« bezeichnet. Bekannt ist die weiter südlich gelegene Inselstadt Werder durch das jährliche Baumblütenfest im April sowie den Werderaner Obstwein. Vom Göttinsee, wo der Sacrow-Paretzer-Kanal einmündet, zweigt der Havelkanal Richtung Norden ab. Der 35 Kilometer lange Kanal ist 1952 nach nur 13-monatiger Bauzeit in Betrieb genommen worden. Er verkürzt die Fahrt um Berlin nur um neun Kilometer und wurde aus politischen Gründen gebaut: Nach der Teilung Deutschlands galt es für die Schiffe aus der DDR, die Westsektoren Berlins zu umfahren. Hinter der einzigen Kanalschleuse auf dieser Strecke in Schönwalde mündet der Kanal in Hennigsdorf in den Nieder-Neuendorfer See, einer Aufweitung der Havel. Von dort geht es auf der Havel wieder Richtung Berlin zum Tegeler See.

Ebenfalls ab Tegel ist eine verkürzte Fahrt direkt zu den Oberhavelseen nach Hennigsdorf und zurück möglich.

Nach Brandenburg

Die Schiffstour startet am Liegeplatz Wannsee (in der Nähe vom Bahnhof Wannsee) und führt über den Großen Wannsee, den Jungfernsee, auf dem Sacrow-Paretzer-Kanal durch den Schlänitz- und Göttinsee zur Potsdamer Havel. Vorbei am Abzweig des Havelkanals und an Ketzin geht es dann auf der Havel bis nach Brandenburg. Hier bietet sich bei einem Landgang die Möglichkeit zum Spaziergang durch die Stadt zum Brandenburger Dom, zur St. Katharinenkirche und dem Mühlentorturm. Und diejenigen, die nicht laufen mögen, kön-

Blick auf Brandenburg an der Havel vom Wasser aus

nen bei einer Kremserfahrt durch die Mark Brandenburg die schöne Landschaft genießen.

Die Rückfahrt von Brandenburg nach Wannsee geht über die Potsdamer Havel durch die Havelseen – den Großen Zernsee, den Schwielowsee und den Templiner See. Die Fahrt führt vorbei an der Inselstadt Werder, an Baumgartenbrück und unter der Glienicker Brücke hindurch wieder nach Wannsee zurück.

Kombinierte Fahrten mit Schiff und Bus

Von Berlin mit den Abfahrten in Treptow, Tegel oder Wannsee werden ein- und zweitägige Fahrten in der Schiff-Bus-Kombination angeboten. Folgende Möglichkeiten werden angeboten:

A) Hinfahrt über den Tag mit dem Schiff und abendliche Rückfahrt nach Berlin mit dem Bus.

B) Morgendliche Hinfahrt zum Zielort mit dem Bus, Aufstieg auf das Schiff und Rückfahrt nach Berlin auf dem Wasser.

C) Bei zweitägigen Fahrten erfolgt eine Hotel-Übernachtung am Zielort. Am nächsten Morgen schließt sich in der Regel eine Stadtrundfahrt, die Besichtigung von Sehenswürdigkeiten und abschließend die Rückfahrt nach Berlin an. Auch hier gibt es eine Gegenroute, d.h. Hinfahrt mit dem Bus, Stadtprogramm, Übernachtung und am nächsten Morgen Einschiffung zur Rückreise auf dem Wasser. Für solche Touren gibt es diverse Anbieter und damit auch Abweichungen zu den nachfolgend vorgestellten Routen.

Schiffshebewerk Niederfinow

Touren zum Schiffshebewerk Niederfinow

Von Berlin (Treptow, Tegel) führt die Fahrt bei einem reichhaltigen Frühstücksbuffet über die Oberhavel und den Oder-Havel-Kanal bis zum Lehnitzsee und anschließend durch die Schleuse Lehnitz. Auf der Weiterfahrt geht es vorbei an den Orten Friedrichsthal, Zerpenschleuse, Marienwerder, Finowfurt und Eberswalde. Die Kreisstadt des Barnim erhielt im Jahr 2000 einen neuen Binnenhafen mit modernen Umschlaganlagen. Er ist als Konversionsprojekt auf einem früheren Kasernengrundstück entstanden und dokumentiert mit jährlich 300.000 Tonnen Umschlagleistung die Leistungskraft und ökologischen Vorteile der Binnenschifffahrt. Unmittelbar am Hafen schließt sich die Ausbaustrecke des Oder-Havel-Kanals an. Der Kanal wurde auf einem ersten Abschnitt auf vier Meter vertieft, um zukünftig auf der Strecke Berlin–Stettin größere Güterschiffe einsetzen zu können. Dazu musste die den Kanal unterquerende Bahnstrecke Berlin–Eberswalde–Stralsund tiefergelegt werden, wofür auch der Kanal zu verschwenken war. Wenige Kilometer weiter Richtung Osten ist der Höhepunkt der Fahrt erreicht – das Schiffshebewerk Niederfinow.

Nach Überwindung des 36 Meter großen Höhenunterschieds ist Oderberg, das Ziel der Reise, fast in Sicht. Hier befindet sich ein liebevoll gestaltetes Binnenschifffahrtsmuseum mit einem über 100 Jahre alten Schaufelraddampfer. Die Rückfahrt nach Berlin erfolgt mit dem Reisebus.

Das Highlight dieser Tour ist das berühmte und ehrwürdige Schiffshebewerk Niederfinow. Dieses »Wunderwerk der Ingenieurbaukunst« stammt aus dem Jahr 1934. Die genietete Stahlkonstruktion wurde aus 14.000 Tonnen Stahl und 72.000 Kubikmetern Beton errichtet. Das Hebewerk ist ca. 60 Meter hoch,

Uferpanorama von Neuruppin

94 Meter lang und 27 Meter breit. Der Trog wiegt 4.290 Tonnen. Mit dem Hebewerk wird ein Höhenunterschied von 36 Metern in 20 Minuten überwunden.

Nach inzwischen über 80-jähriger Betriebszeit wird das alte Hebewerk durch ein neues leistungsfähigeres Hebewerk ersetzt. Ein Vergleich des alten Hebewerkes mit der nächsten Generation ergibt folgendes Bild:

	Altes Hebewerk	**Neues Hebewerk**
Fertigstellung	1934	2017
Planung + Bau	8 Jahre	13 Jahre
Baukosten	27,5 Mio. RM	165 Mio. Euro
Bauweise	genietete Stahlkonstruktion	verticale Trogelemente aus Beton, horizontale Elemente aus Stahl
Troggröße	L = 85 m, B = 12 m, T = 2,5 m	L = 115 m, B = 12,5 m, T = 4 m
Troggewicht	4.300 t	8.500 t

Nach Neuruppin

Vom Hafen Tegel führt diese Fahrt über den Tegeler See, die Havel, den Oder-Havel-Kanal, den Ruppiner Kanal, den Kremmener Rhin hin zum Ruppiner See. Das Rhinluch ist ein Naturparadies, in dem früher Torf abgebaut wurde und wo heute viele Tier- und Pflanzenarten zu finden sind. Durch den Bützsee und den

Kloster Chorin

Ruppiner See, der mit 14 Kilometern der längste See Brandenburgs ist, geht es weiter nach Neuruppin. Neuruppin ist die Geburtsstadt des Dichters Theodor Fontane und des Baumeisters Karl Friedrich Schinkel. Hier können bei einem Stadtrundgang die klassizistischen Bauwerke wie zum Beispiel das Geburtshaus Fontanes, der Tempelgarten, früher der Kronprinzliche Garten, und die Klosterkirche St. Trinitatis besichtigt werden. Die Rückfahrt erfolgt mit einem Reisebus nach Berlin-Tegel.

Zum Werbellinsee und Kloster Chorin

Diese kulturhistorische Fahrt beginnt in Tegel und verläuft über die Havel und den Oder-Havel-Kanal. In Marienwerder zweigt der Werbellinkanal ab. Nach Passieren der Schleusen Rosenbeck und Eichhorst kommt man in den Werbellinsee, einen der schönsten Seen Brandenburgs und gleichzeitig einer der größten Schiffsfriedhöfe Deutschlands. Auf dem Grund werden heute noch Kaffenkähne gefunden. Dies waren hölzerne Frachtschiffe, deren Bodenplanken bis über die Wasserlinie aufgebogen waren und die gesegelt wurden. Sie hatten eine Tragfähigkeit von 15 Tonnen und transportierten Ziegel vom Werbellinsee nach Berlin. Da sie meistens überladen waren, führte ein starker Wellengang auf dem See dazu, dass sie vollliefen und untergingen. Umgangssprachlich wurden diese Schiffe in Berlin auch als Zille bezeichnet. Von Altenhof am Ufer des Werbellinsees geht es mit dem Bus zum Kloster Chorin. Dies ist ein ehemaliges Zisterzienserkloster und gehört zu den bedeutendsten Baudenkmalen der Backsteingotik. Neben der Architektur findet jährlich auch der Choriner Musiksommer viele Liebhaber. Nach der Besichtigung des Klosters geht es mit dem Bus zurück nach Berlin.

Schloss Königs Wusterhausen

Zum Scharmützelsee und nach Bad Saarow

Von Treptow verläuft diese Tour über die Spree, die Dahme-Wasserstraße, den Zeuthener See und zur Schleuse Neue Mühle bei Königs Wusterhausen. Von dort geht es durch die Storkower Gewässer, eine durch Kanäle verbundene Seenkette, zum Scharmützelsee und dem Kurort Bad Saarow. Der zwölf Quadratkilometer große See ist bis zu 29 Meter tief und ein beliebtes Segelrevier. Der Ort Bad Saarow, seit 1923 Kurort, ist bekannt für seine heilenden Thermalquellen. Hier lebten die deutsche Boxlegende Max Schmeling und viele Schriftsteller, so z. B. auch Maxim Gorki und Johannes R. Becher. Nach einem Kurzaufenthalt an Land geht es von Bad Saarow mit dem Bus zurück nach Berlin.

In den Spreewald via Prieros

Vom Hafen Treptow führt diese Tour auf der Dahme-Wasserstraße bis zum brandenburgischen Dorf Prieros. Auf der Fahrt werden der Zeuthener See, der Krimnick- und Krüpelsee, das Bindower Fließ und der Dolgensee durchquert. Der Naturpark Heideseen, in dem das kleine Dörfchen Prieros liegt, bietet eine wunderschöne abwechslungsreiche Landschaft. Von Prieros geht es mit dem Busshuttle nach Lübbenau in den Spreewald. Dort startet ein Sonderprogramm mit Kahnfahrt und Picknick. Zurück nach Berlin kommt man dann mit dem Bus.

Nach Teupitz

Die Fahrt nach Teupitz ist eine Verlängerung der Prieros-Fahrt. Es geht vom Dolgensee weiter über den Schmöldensee, Hölzernen See, Klein Köriser See,

Uferpanorama an der Oder in Stettin

Kleinen und Großen Modersee, Schulzensee, den Zemminsee und Schweriner See zum Teupitzer See. Während eines Zwischenstopps vor Erreichen der Schleuse Neue Mühle kann in Königs Wusterhausen das Schloss im Rahmen einer Führung erkundet werden. Am Zielpunkt in Teupitz, einer ehemaligen Ackerbürgerstadt mit königlichem Jagdrevier, kann bei einem Stadtrundgang die Heilig-Geist-Kirche aus dem 16. Jahrhundert besichtigt werden. Die Rückfahrt nach Berlin erfolgt mit einem Reisebus.

Zweitagestour nach Stettin

Die alte Hansestadt Stettin war traditionell schon immer der »Seehafen Berlins«. Die Distanz zwischen beiden Städten beträgt 120 Kilometer. Die Fahrt beginnt in Tegel und führt vorbei an der Insellandschaft des Tegeler- und des Nieder-Neuendorfer Sees. Es geht dann weiter bis zur Schleuse Lehnitz, wo das Schiff um sechs Meter angehoben wird, um anschließend im Oder-Havel-Kanal bis zum Schiffshebewerk Niederfinow weiterzufahren. Nach der »Schiffsfahrstuhlfahrt« geht es auf der alten Oder weiter zur Schleuse Hohensaaten und oderabwärts durch den Nationalpark Unteres Odertal. Die Grenze nach Polen wird in Widuchowa überquert. Nach weiteren zwei Stunden ist das Fahrtziel Stettin in Sicht. Per Bus geht es vom Stettiner Passagierkai zum Hotel. Am nächsten Tag schließen sich eine geführte Stadtrundfahrt sowie Freizeit zur Selbsterkundung an. In Stettin, der Hauptstadt der Wojewodschaft Westpommern, deren Geschichte bis in die zweite Hälfte des 8. Jahrhunderts zurückgeht, gibt es viele historische Bauten. Besonders hervorzuheben sind aus dem 14. Jahrhundert das Schloss der Herzöge von Pommern, das alte Rathaus und die gotische Johanneskirche sowie aus dem 15. Jahr-

Rechts historisches Hebewerk und links neue Schleuse in Magdeburg Rothensee

hundert der Dom St. Jacobi. Ein bekanntes Bauensemble sind die Hakenterrassen an der Uferstraße zur Oder. Heute wird die 400.000 Einwohner zählende Metropole durch ihre Universität, die Hafenwirtschaft, die Werften, den Maschinenbau und die Lebensmittelindustrie geprägt. Am Nachmittag des zweiten Tourentages geht es per Bus zurück nach Berlin.

Zweitagestour nach Magdeburg

Ab Wannsee geht es über 150 Kilometer Richtung Westen zur Landeshauptstadt Sachsen-Anhalts. Dabei werden die Untere-Havel-Wasserstraße, eine Perlenkette von seenartigen Aufweitungen des Flusslaufes, sowie der Elbe-Havel-Kanal befahren. In vier Schleusen werden die Höhenunterschiede überwunden. Kurz vor Magdeburg wird an der Elbe das Wasserstraßenkreuz befahren. Vom Elbe-Havel-Kanal führt der Mittellandkanal in einer wassergefüllten Trogbrücke über die Elbe. Der Abstieg um 16 Meter auf das Niveau der Elbe erfolgt im Schiffshebewerk Rothensee oder der neuen Schleuse. Bei einer Weiterfahrt auf dem Mittellandkanal kommt man bis zum Rhein. Am Wasserstraßenkreuz wird mit dem Schiff die Große Acht gefahren. Sie beinhaltet von der Elbe kommend das Anheben des Schiffes am Schiffshebewerk oder der Sparschleuse auf Höhe Mittellandkanal, die Fahrt über die Trogbrücke bis zur Doppelsparschleuse Hohenwarthe, weiter zur Schleuse Niegripp zurück zur Elbe und unter der Trogbrücke hindurch wieder nach Magdeburg. Vom Anleger geht es zum Hotel per Bus. Am Folgetag stehen ein Stadtprogramm mit Dombesichtigung und eine Führung am Wasserstraßenkreuz auf dem Programm, ehe es am Nachmittag mit dem Bus zurück nach Berlin geht.

Schiffsanleger in Potsdam

Kombinierte Fahrten mit Schiff und Fahrrad

Für einen aktiven Urlaub mit viel frischer Luft und Bewegung bietet sich die in Holland seit langem stark nachgefragte Form des Aktivtourismus an. Tagsüber werden verschiedene Strecken, auch abseits der Wasserwege, geradelt und abends wartet dann das Schiff mit Essen, Trinken und der vertrauten Koje auf den Radler. Dabei kann man auch mal eine Etappe »ausfallen« lassen und diese Zeit auf dem Schiff verbringen.

Tagestour nach Werder

Es geht auf der geführten Radtour von Wannsee durch den Grunewald nach Potsdam und weiter nach Werder an der Havel. Dort wartet das Schiff auf die Ankommenden, nimmt sie auf, verpflegt sie und bringt sie erholsam zurück nach Berlin. Auf der Gegentour kann von Wannsee nach Werder mit dem Schiff gefahren und die Rückfahrt mit dem Fahrrad angetreten werden. Die Fahrradstrecke beträgt hier ca. 40 Kilometer.

Mehrtagesrundtour Berlin-Potsdam-Berlin

Die in Spandau beginnende Fahrt dauert vier Tage. Sie führt nach Anreise am ersten Tag mit dem Schiff nach Potsdam. Am zweiten Tag geht es mit dem Fahrrad zu den Sehenswürdigkeiten Potsdams und nachmittags mit dem Schiff weiter nach Berlin-Köpenick. Der dritte Tag führt die Touristen weiter nach Berlin-Mitte, wo es wieder eine innerstädtische Rundtour mit dem Fahrrad gibt. Am vierten Tag geht es durch die stark frequentierte Innenstadt mit dem Schiff

Kreuzfahrtschiff an der Ostseeküste

wieder zum Ausgangshafen Spandau. Die gesamte Tour ist geführt und die Tagesetappen liegen zwischen 15 und 40 Kilometern.

Mehrtagestour nach Stralsund

Diese Tour zur alten Hansestadt an der Ostsee dauert acht Tage. Nach der Anreise am ersten Tag zum Liegeplatz nach Spandau und Stärkung an Bord geht es am zweiten Tag mit dem Fahrrad bis nach Oranienburg und von dort auf dem Schiff nach Eberswalde. Am dritten Tag ist Schwedt das Ziel. Der Radweg verläuft zunächst auf dem historischen Treidelweg am Finowkanal bis zum Schiffshebewerk Niederfinow. Dort ist eine Besichtigung des technischen Wunderwerkes möglich. Am vierten Tag führt die Tour bis Stettin in Polen, wobei bis zur Grenze in Mescherin auch teilweise durch das wunderschöne »Naturschutzgebiet Unteres Odertal« geradelt wird. Ab Mescherin wird die Fahrt wieder an Bord mit Kurs auf Stettin fortgesetzt. Dann ist Radelpause. Am fünften Tag geht es von Stettin mit dem Schiff über das Oderhaff und den Peenestrom nach Wolgast, dem »Tor zur Insel Usedom«. Der sechste Tag beginnt mit einer Radtour von Wolgast via Zecherin und Karlshagen nach Peenemünde auf der Insel Usedom. Von Peenemünde geht es am gleichen Tag mit dem Schiff weiter nach Lauterbach an der Ostküste der Insel Rügen. Der folgende Tag gehört der Radtour auf Rügen über Putbus, Gartz und Gustow zum Rügendamm, der aufs Festland nach Stralsund führt. Dort wird an Bord bei einem Abschlussabend Resümee gezogen und am achten Tag kehren die Urlauber zurück in die Heimat. Neue Gäste gehen an Bord und treten die gegenläufige Tour nach Berlin an. Die einzelnen Fahrradetappen liegen zwischen 20 und 50 Kilometern.

Die Elbe in Dresden

Flusskreuzfahrten

Immer größerer Beliebtheit erfreuen sich in Europa mehrtägige touristische Fahrten mit Kabinenschiffen, für die Berlin ein lohnenswertes Ziel ist bzw. von wo aus die Reise Richtung Elbe, Oder und Ostsee sowie zur Mecklenburgischen Seenplatte beginnt. Hierbei kommen aufgrund der Wasserstraßenverhältnisse sehr unterschiedliche Schiffsgrößen zum Einsatz. Für Kreuzfahrtschiffe mit über 80 Metern Länge gibt es spezielle Anleger an der Greenwichpromenade in Tegel, am Spandauer Burgwall und im BEHALA-Westhafen in Moabit. Kleine, nur halb so lange Kreuzfahrtschiffe für die mecklenburgischen Gewässer finden auch Liegeplätze in der Innenstadt. Besonders beliebt ist der unmittelbar am Hauptbahnhof gelegene Humboldthafen. Auch die Anbieter wetteifern auf ihren Routen um ständige Attraktivitätssteigerung, dies vor allem an Land beim Sightseeing. Auf dem Wasser gibt es hingegen für die einzelnen Routen kaum Alternativen.

Zur Elbe nach Hamburg oder Dresden und Prag

Von Berlin-Spandau oder Tegel geht es über Potsdam, Brandenburg und Genthin zur Elbe nach Magdeburg. Auf Busrundfahrten in Berlin, Potsdam und Magdeburg werden die historischen Sehenswürdigkeiten gezeigt. Bei einer Buchung elbabwärts nach Hamburg gibt es in Tangermünde, Bleckede und Lauenburg Zwischenstopps mit Stadtgängen. Der Zielort Hamburg ist mit 1,8 Millionen Einwohnern die zweitgrößte Stadt Deutschlands. Die Hansestadt hat den größten Seehafen Deutschlands und ist Musical-Hauptstadt. Eine Hafenrundfahrt,

Kreuzfahrtschiff auf der Oberelbe

der Besuch der Landungsbrücken sowie ein Abstecher zur Reeperbahn und zum Fischmarkt gehören für Besucher zum Pflichtprogramm. Insgesamt dauert die Schiffsreise sechs Tage.

Bei einer Buchung elbaufwärts nach Dresden gibt es nach Magdeburg Zwischenstopps in Dessau, Torgau, Lutherstadt Wittenberg und Meißen. Bei guten Wasserverhältnissen gibt es auch Fahrten über Dresden hinaus bis nach Prag an der Moldau in Tschechien.

In Dessau bietet sich neben dem Besuch des Bauhauses auch ein Spaziergang in dem in unmittelbarer Nähe gelegenen Wörlitzer Park an, der von 1764 bis kurz nach 1800 angelegt wurde. Hier überraschen die Vielfalt der Baustile und die Gartenkunst verschiedener Epochen und Regionen, die auf wunderbare Weise harmonisch in einem Park zusammengefügt wurden. In Wittenberg steht die Schlosskirche, wo der Reformator Martin Luther 1517 seine 95 Thesen anbrachte. Heute gehören die Schlosskirche und das Melanchthonhaus (Renaissancebauwerk, das ursprünglich dem Gelehrten und Humanisten Philipp Melanchthon gehörte) zum Weltkulturerbe der UNESCO.

Die Stadt Meißen hat durch die Porzellanherstellung Weltruhm erfahren. Hier wurde 1710 durch Böttcher das Weiße Gold, wie das Porzellan auch bezeichnet wird, erfunden. Als Nächstes kommt die Landeshauptstadt des Freistaates Sachsen ins Blickfeld. Dresden wird auch wegen seiner barocken und mediterranen Architektur sowie seiner Lage im Elbtal als »Elbflorenz« bezeichnet. Die Stadt wurde stark durch August den Starken geprägt. Besonders sehenswert sind der Zwinger, die Semperoper und die wiederaufgebaute Frauenkirche.

Durchs Elbsandsteingebirge auf der Elbe

Weiter elbaufwärts, in Pillnitz, kann man nach Besichtigung des Renaissanceschlosses, der Sommerresidenz der sächsischen Könige und Kurfürsten, einen Ausflug in das Elbsandsteingebirge unternehmen und die Bastei erkunden. Über Litomerice und Melnik führt die Fahrt weiter nach Prag, der 1,2 Millionen Einwohner zählenden tschechischen Metropole an der Moldau. Prag ist auch als »goldene« Stadt bekannt, nicht, weil es hier so viele historische »glänzende« Bauten gibt – der Ursprung des Namens reicht zurück zu Karl IV. (1316–1378), einem römisch-deutschen Kaiser, König von Böhmen und Burgund. Dieser liebte seine Geburtsstadt Prag und entwickelte sie zum politischen und kulturellen Zentrum Mitteleuropas. Die Moldau fließt auf einer Länge von 31 Kilometern durch die Stadt und wird dabei von zahlreichen Brücken überquert, von denen die Karlsbrücke, die auch von Kaiser Karl IV. erbaut wurde, die älteste und schönste ist.

Eine solche One-Way-Tour von Berlin bis Dresden dauert ca. sechs Tage, bis Prag sind es acht Tage.

Der Tourist hat auch die Möglichkeit, Reisen mit Rücktour zu buchen. Auf der Elbe bietet sich dabei für die Hamburg-Tour die Möglichkeit, am Wasserstraßenkreuz bei Lauenburg, wo zum einen der Elbe-Lübeck-Kanal nach Lübeck und der Elbe-Seitenkanal zum Mittellandkanal abzweigen, die Rücktour via Niedersachsen zu wählen. Dabei werden das Schiffshebewerk Scharnebeck und die Stadt Uelzen passiert, ehe es auf dem Mittellandkanal an Wolfsburg und Haldensleben vorbeigeht und in Magdeburg wieder die Elbe Richtung Berlin gequert wird. Eine solche Rundtour von Berlin nach Hamburg und zurück via Wolfsburg dauert ca. zehn Tage.

Kreuzfahrtschiff mit Kurs zur Oder und weiter zur Ostsee

Zur Oder und Ostsee

Die Tour führt über sieben Tage von Berlin über die Oder zur Ostsee nach Stralsund. Dabei geht es durch das Schiffshebewerk Niederfinow zur Oder und dann stromabwärts nach Stettin. Weitere Stationen sind Wolgast, Greifswald und die Inseln Usedom, Rügen sowie Hiddensee. Auf Usedom erscheinen die alten Kaiserbäder Ahlbeck, Heringsdorf und Zinnowitz in neuem Glanz und sind seit jeher Anziehungspunkt für viele Berliner Wochenendausflügler. Deshalb wird die Insel auch liebevoll als Badewanne Berlins bezeichnet. In die Geschichte eingegangen ist auch der Ort an der Nordspitze: Peenemünde. Dort befand sich einst die Raketenversuchsanstalt der Nazis. Heute kann man im ehemaligen Kraftwerk die wechselvolle Geschichte des Standortes besichtigen. Auch das im Hafen liegende und zu besichtigende U-Boot erzählt aus alten Tagen. Für jeden Kreuzfahrttouristen wird somit viel Wissenswertes auf engstem Raum geboten.

Auf der Oder nach Schlesien

Diese zwölftägige Tour führt von Berlin ebenfalls via Oder-Havel-Kanal und Schiffshebewerk Niederfinow zur Oder. Dann geht es weiter stromaufwärts nach Breslau (Wroclaw). Dabei werden die Städte Frankfurt/Oder und Eisenhüttenstadt auf deutscher Seite sowie die Orte Crossen (Crosno) und Glogau (Glogow) auf polnischem Gebiet passiert bzw. angelaufen. Breslau, mit 600.000 Einwohnern die viertgrößte Stadt Polens, hat eine sehr wechselvolle Geschichte und stand unter böhmischer, ungarischer und deutscher Verwaltung. In der Universitätsstadt ist heute der Maschinenbau insbesondere für die Fahrzeugindustrie zu Hause.

Marina im Ziegeleipark Mildenberg

Zur Mecklenburgischen Seenplatte

Von Berlin ist das Ziel am ersten Tag Lehnitz mit seiner Schleuse im Oder-Havel-Kanal. Danach geht es auf der Oberen Havelwasserstraße weiter bis nach Zehdenick und den Ziegeleipark Mildenberg. Dort gab es bis 1991 Ziegeleien. Die gebrannten Steine gingen vorwiegend auf dem Wasserweg nach Berlin. Heute gehören Tongruben, Brennöfen und Hafen zum Industriedenkmal Ziegeleipark und können täglich besichtigt werden. Am dritten Tag führt die Route via Fürstenberg weiter bis Kleinzerlang.

Am vierten Tag ist Waren an der Müritz das Reiseziel. Die Stadt ist Heilbad und größter Ort an dem 117 Quadratkilometer großen Müritzsee. Von dort geht es über die Elde weiter bis Lübz. Am Folgetag wird Parchim erreicht und schließlich das Reiseziel Schwerin, die Landeshauptstadt Mecklenburg-Vorpommerns. Für diese auf sehr schmalen Wasserwegen verlaufende Tour gibt es nur einen geeigneten Schiffstyp. Es ist das historische Finowmaß-Schiff. Dieses ist nur 41 Meter lang, fünf Meter breit und bietet Platz für 22 Passagiere. Da trifft die Bezeichnung »klein, aber fein« genau zu.

Der Wasserreichtum in und um Berlin bietet Besuchern und Touristen vielfältige Möglichkeiten zur Freizeitgestaltung und Stadterkundung. Die Stadt hat viele Superlative – und ihre Wasserwege gehören dazu. Der Perspektivwechsel von der Landratte zum Schiffspassagier lässt die Stadt in neuem Flair erscheinen.

Restaurant Altes Zollhaus

Ufer- und Schiffsrestaurants in Berlin

Blau: Restaurantschiffe – Schwarz: Uferrestaurants

An der Dahme

Westernrestaurant Richtershorn am See
Sportpromenade 15
12527 Berlin
Tel 030-675 99 24
www.richtershorn.de

Marina Restaurant Skippers
Wendenschlossstraße 350–354
12557 Berlin
Tel 030-651 34 15
www.bwsg-berlin.de

Kaffee Liebig
Regattastraße 158
12527 Berlin
Tel 030-678 209 36
www.kaffee-liebig.de

Restaurant Krokodil
Gartenstraße 46
12557 Berlin
Tel 030-658 800 94
www.der-coepenicker.de/kroko.htm

Köpenicker Seeterrassen
Kietz 29
12557 Berlin
Tel 030-243 528 60
www.koepenicker-seeterrassen.de

Schlosscafé Köpenick
Schlossinsel
12557 Berlin
Tel 030-650 185 85
www.schlosscafe-koepenick.de

Amarillo Restaurant & Café im Best Western Hotel
Grünauer Straße 17–21
12557 Berlin
Tel 030-658 059 40
www.koepenick.bestwestern.de

pentahotel Berlin-Köpenick
Grünauer Straße 1
12557 Berlin
Tel 030-654 790
www.pentahotels.com

Restaurant und Bar Luise
Alt-Köpenick 20
12555 Berlin
Tel 030-643 297 77
www.luise-koepenick.de

An der Spree

Neu Helgoland
Neuholgoländer Weg 1
12559 Berlin
Tel 030-659 82 47
www. neu-helgoland.de

Spree Arche
In der Müggelspree am Spreetunnel
12587 Berlin
Tel 0172-304 21 11
www.spreearche.de

Restaurant Luise am Anleger Luisenhain

Restaurant Bräustübl
Müggelseedamm164
12587 Berlin
Tel 030-374 467 69
www.braeustuebl-mueggelsee.de

Windrose – das Hafenrestaurant
Müggelseedamm 66–70
12587 Berlin
Tel 030-640 926 44
www.restaurant-windrose.de

Waschhaus Alt-Köpenick
Katzengraben 19
12555 Köpenick
Tel 030-654 983 19
www.waschhausaltkoepenick.de

Hotel Kubrat an der Spree
Freiheit 10
12555 Berlin
Tel 030-650 13 50
www.hotel-kubrat.com

Restaurant Lehmofen
Freiheit 12
12555 Berlin
Tel 030-655 70 40
www.lehmofen-restaurant.de

Eventschiff Ars Vivendi
Freiheit 15
12555 Berlin
Tel 030-658 878 25
www.freiheit15.de

Kranhaus Café
Paul-Tropp-Straße 11
12459 Berlin
Tel. 030-639 676 80
www.kranhauscafe.de

Haus Zenner mit Eierschale
Alt-Treptow 14–17
12435 Berlin
Tel 030-533 73 70
www.hauszenner.de

DDR-Domklause

Segelschiffrestaurant Klipper
Bulgarische Straße
12435 Berlin
Tel 030-532 164 90
www.klipper-berlin.de

Hafenküche
Zur Alten Flussbadeanstalt 5
10317 Berlin
Tel 030-422 199 26
www.hafenkueche.de

Club & Eventschiff Hoppetosse
Eichenstraße 4
12435 Berlin
Tel 030-533 20 30
www.clubdervisionaere.de

Restaurant Freischwimmer
Vor dem Schlesischen Tor 2a
10997 Berlin
Tel 030-610 743 09
www.freischwimmer-berlin.com

Restaurant Fabrics im nhow
Stralauer Allee 3
10245 Berlin
Tel 030-290 29 90
www.nhow-hotels.com

Seeräuberrestaurant Pirates
Mühlenstraße 78–80
10243 Berlin
Tel 030-970 024 14
www.piratesberlin.com

Floating Lounge
Mühlenstraße 73
10243 Berlin
Tel 030-667 638 05
www.floatinglounge-berlin.com

Eastern Comfort hostelboat
Mühlenstraße 73–77
10243 Berlin
Tel 030-667 638 06
www.eastern-comfort.com

Haus Zenner

Restaurant Rio Grande
May-Ayim-Ufer 9
10997 Berlin
Tel 030-610 749 81
www.riogrande-berlin.de

East Side Blick
Mühlenstraße 70–71
10243 Berlin
Tel 030-206 879 63
www.east-side-blick.de

Spindler & Klatt
In der Heeresbäckerei
Köpenicker Straße 16–17
10997 Berlin
Tel 030-319 881 860
www.spindlerklatt.com

Radialsystem V
Holzmarktstraße 33
10243 Berlin
Tel 030-288 788 50
www.radialsystem.de

Marinehaus
Märkisches Ufer 48–50
10179 Berlin
Tel 030-279 32 46
www.marinehaus.de

Restaurantschiff Deckshaus
Märkisches Ufer 1z
10179 Berlin
Tel 0171-646 772 20
www.deckshaus.de

Restaurant Le Provencal
Spreeufer 3
10178 Berlin
Tel 030-302 75 67
www.leprovencal.de

Brauhaus Georgbräu
Spreeufer 4
10178 Berlin
Tel 030-242 42 44
www.brauhaus-georgbraeu.de

Restaurant Neuhelgoland

DDR-Restaurant Domklause
Karl-Liebknecht-Straße 1
10178 Berlin
Tel 030-847 123 737
www.ddr-restaurant.de

Grill Royal
Friedrichstraße 105
10117 Berlin
Tel 030-288 792 88
www.grillroyal.com

Ganymed-Brasserie
Schiffbauerdamm 5
10117 Berlin
Tel 030-285 990 46
www.ganymed-brasserie.de

Pianobar Van Gogh
Schiffbauerdamm 6–7
10117 Berlin
Tel 030-281 01 06
www.pianobar-vangogh.de

Brechts Restaurant
Schiffbauerdamm 6–7
10117 Berlin
Tel 030-285 985 85
www.brechts.de

Die Berliner Republik
Schiffbauerdamm 8
10117 Berlin
Tel 030-308 722 93
www.die-berliner-republik.de

Restaurant StäV – Ständige Vertretung
Schiffbauerdamm 8
10117 Berlin
Tel 030-282 39 65
www.staev.de

Restaurant Waschhaus

Vaporetto
Schiffbauerdamm/Ecke
Albrechtstraße 12
10117 Berlin
Tel 030-275 946 23
www.vaporetto-berlin.de

Käfer Dachgarten-Restaurant im Reichstag
Platz der Republik 1
11011 Berlin
Tel 030-894 16 80
www.feinkost-kaefer.de

Zollpackhof
Elisabeth-Abegg-Straße 1
10557 Berlin
Tel 030-330 997 20
www.zollpackhof.de

Restaurant Auster
John-Foster-Dulles-Allee 10
10557 Berlin
Tel 030-209 139 50
www.auster-berlin.com

Restaurantschiff Patio
Helgoländer Ufer / Kirchstraße
10557 Berlin
Tel 030-403 017 00
www.patio-berlin.de

Lanninger
Alt Moabit 99
10559 Berlin
Tel 030-399 207 93
www.lanninger.de

Cafe-Schiff Spree-Blick
Hansabrücke
10555 Berlin
Tel 030-392 40 60
www.spree-blick.de

Restaurant Kolk

An der Havel

Zitadellen-Schänke
Am Juliusturm
13599 Berlin
Tel 030-334 21 06
www.zitadellenschaenke.de

Restaurant Kolk
Hoher Steinweg 7
13597 Berlin
Tel 030-333 88 79
www.kolk-restaurant.de

Fährhaus Spandau
Aalemannufer 31
13587 Berlin
Tel 030-351 356 66
www.faehrhaus-spandau.de

Jagdhaus Spandau
Niederneuendorfer Allee 80
13587 Berlin
Tel 030-336 044 94
www.jagdhaus-berlin.de

Restaurant Eagle Lodge
Friederikestraße 20
13505 Berlin
Tel 030-436 79 80
www.hotel-restaurant-igel.de

Raymons – Das Fischrestaurant
Frieda-Arnheim-Promenade 7
13585 Berlin
Tel 030-548 42 43
www.raymons.de

Restaurant Fährhaus
Im Saatwinkel 1
13599 Berlin
Tel 030-351 327 97
www.restaurant-faehrhaus.de

Moorlake

Havel Lodge
Friederikenstraße 33–34
13505 Berlin
Tel 030-436 00 10
www.havel-lodge.de

Restaurantschiff Alte Liebe
Havelchaussee 107
14055 Berlin
Tel 030-304 82 58
www.alte-liebe-berlin.de

Kapitän's Kajüte Restaurant
Alt Gatow 23
14089 Berlin
Tel 030-369 916 48
www.kapitaenskajuete.de

Seekrug – Der Biergarten am Groß Glienicker See
Uferpromenade 21
14089 Berlin-Kladow
Tel 030-255 616 44
www.seekrug-berlin.de

Insel-Lindwerder
Havelchaussee
14129 Berlin
Tel 030-803 65 84
www.lindwerder.de

Wirtshaus zur Pfaueninsel
Pfaueninselchaussee 100
14109 Berlin
Tel 030-805 22 25
www.pfaueninsel.de

Blockhaus Nikolskoe
Nikolskoer Weg 1
14109 Berlin
Tel 030-805 29 14
www.blockhaus-nikolskoe.de

Haus Sanssouci
Am Großen Wannsee 60
14109 Berlin
Tel 030-805 30 34
www.haussanssouci.com

Restaurantschiff Capt'n Schillow

Restaurant Seehase
Am Großen Wannsee 58–60
14109 Berlin
Tel 030-804 964 74
www.restaurant-seehase.de

Restaurant Wirtshaus Moorlake
Moorlakenweg 1
14109 Berlin
Tel 030-805 58 09
www.moorlake.de

Restaurant Schloss Glienicke
Wannsee / Königsstraße 36
14109 Berlin
Tel 030-805 40 00
www.schloss-glienicke.de

Am Landwehrkanal

Restaurantschiff Capt'n Schillow
Am Charlottenburger Tor
Straße des 17. Juni 113
10623 Berlin
Tel 030-315 050 15
www.capt-schillow.de

Restaurant Schleusenkrug
An der Unterschleuse
Müller-Breslau-Straße
10623 Berlin
Tel 030-313 99 09
www.schleusenkrug.de

Altes Zollhaus
Carl-Herz-Ufer 30
10961 Berlin
Tel 030-692 33 00
www.altes-zollhaus-berlin.de

Terrassenschiff »Alte Liebe Tempelhof« ex MS Glauchau

Schiffsrestaurant Van Loon
Carl-Herz-Ufer 5
10961 Berlin
Tel 030-692 62 93
www.vanloon.de

Ankerklause
Kottbusser Damm 104
10967 Berlin
Tel 030-693 56 49
www.ankerklause.de

Cafe Übersee
Paul-Lincke-Ufer 44
10999 Berlin
Tel 030-616 267 80
www.xn-cafebersee-deb.de

Freischwimmer
Vor dem Schlesischen Tor 2a
10997 Berlin
Tel 030-610 743 09
www.freischwimmer-berlin.de

Am Teltowkanal

Marti-Fischrestaurant
Tempelhofer Damm 227
12099 Berlin
Tel 030-990 021 41
www.marti-fischrestaurant.de

Terrassenschiff Alte Liebe Tempelhof
Tempelhofer Damm 227
12099 Berlin
Tel 0173-466 88 26
www.tempelhofer-hafen.com

Eventlocation Pier 13 auf der Mole Ost
Tempelhofer Damm 227
12099 Berlin
Tel 0173-466 88 26
www.tempelhofer-hafen.com

I-Land auf der Mole West

I-Land auf der Mole West
Tempelhofer Damm 227
12099 Berlin
Tel 0173-466 88 26
www.tempelhofer-hafen.com

An Berliner Seen

Am Tegeler See

Restaurant An der Malche
Gabrielenstraße 77
13507 Berlin
Tel 030-433 48 70
www.warsteiner-malche.de

Restaurant Tegeler Seeterrassen
Wilkestraße 1
13507 Berlin
Tel 030-433 80 01
www.tegeler-seeterrassen.de

Am Müggelsee

Müggelsee Terrassen Rübezahl
Müggelheimer Damm 143
12559 Berlin
Tel 030-656 616 88
www.ruebezahl.de

Am Seddinsee (Dahme)

Strandlust Schmöckwitz
Seddinpromenade 3a
12527 Berlin
Tel 030-675 86 26
www.strandlust-schmoeckwitz.de

Adressen der Berliner Fahrgastschiffsreedereien

Die im Buch beschriebenen Touren werden von traditionellen Reedereien und dem Reederverband der Berliner Personenschifffahrt angeboten.

Stern und Kreisschiffahrt GmbH
Puschkinallee 15
12435 Berlin
Tel 030-536 36 00
info@sternundkreis.de
www.sternundkreis.de

Reederei Riedel GmbH
Nalepastraße 10–16
12495 Berlin
Tel 030-679 614 70
info@reederei-riedel.de
www.reederei-riedel.de

Spree & Havelschiffahrt Reederei Grimm & Lindecke
Schiffbauer Damm 12
10117 Berlin
Tel 030-288 858 92
info@spreehavelschiffahrt.de
www.spreehavelschiffahrt.de

Reederei Bruno Winkler
Mierendorffstraße 16
10589 Berlin
Tel 030-349 95 95
info@reedereiwinkler.de
www.reedereiwinkler.de

BWTS Berliner Wassertaxi-Stadtrundfahrten
Wendenschlossstraße 30 d
12559 Berlin
Tel 030-658 802 03
info@berlinerwassertaxi.de
www.berliner-wassertaxi.de

BWSG Berliner Wassersport und Sevice GmbH
Wendenschlossstraße 350–354
12557 Berlin
Tel 030-651 34 15
info@bwsg-berlin.de
www.bwsg-berlin.de

Reederei E-Y-S GmbH
Jörsstraße 21d
13505 Berlin
Tel 030-436 668 36
info@exclusic-yachtcharter.de
www.exclusic-yachtcharter.de
www.berlin-cityschiffsfahrten.de

Reederverband der Berliner Personenschifffahrt e.V.
Kattfußstraße 29
13593 Berlin
Tel 030-342 24 31
kontakt@reederverband-berlin.de
www.reederverband-berlin.de

Der Reederverband ist ein Zusammenschluss von 30 Fahrgastschifffahrtsunternehmen, die über 70 Schiffe im Einsatz haben.

Adressen der Veranstalter von Flusskreuzfahrten und Kombitouren

Die im Buch beschriebenen Fernrouten mit Start oder Ziel in Berlin werden von diversen Kreuzfahrtveranstaltern und Online Buchungsplattformen angeboten. Dazu gehören:

Phönix Reisen GmbH
Pfälzer Straße 14
53111 Bonn
Tel 0228-926 00
info@phoenixreisen.com
www.phoenixreisen.com

DER Touristik Frankfurt GmbH & Co.KG
Emil-von-Behring-Straße 6
60439 Frankfurt
Tel 069-958 800
webmaster@dertour.de
www.dertour.de

SE-Tours GmbH
Barkhausenstraße 29
27568 Bremerhaven
Tel 0471-483 880
info@se-tours.de
www.se-tours.de

Croisi Europa bei Anton Götten GmbH
Faktoreistraße 1
66111Saarbrücken
Tel 0681-303 25 55
info@croisieurope.de
www.croisieurope.de

e-hoi/e-domizil GmbH
Taunusstraße 21
60329 Frankfurt
Tel 069-204 567 00
reisen@e-hoi.de
www.e-hoi.de

Pedalo Touristik GmbH
Kickendorf 1a
A-4710 Grieskirchen
Tel 0800-240 09 99
info@pedalo.com
www.pedalo.com

Schiffsanleger im Hafen Treptow

Zentrale Abfahrtsstellen

Anlegestelle
Hafen Treptow
Puschkinallee
12435 Berlin
S-Bahn Treptower Park, Bus

Anlegestelle
Wannsee (Bahnhof)
Königstraße
14109 Berlin
S-Bahn, DB Wannsee, Bus

Anlegestelle
Tegel Greenwichpromenade
Greenwichpromenade
13507 Berlin
S-Bahn Tegel, U-Bahn Alt-Tegel, Bus

Anlegestelle
Märkisches Ufer / Jannowitzbrücke
Straße Märkisches Ufer
10179 Berlin
S- und U-Bahn Jannowitzbrücke, Bus

Anlegestelle
Köpenick-Luisenhain / Zusammenfluss Dahme und Spree
Straße Alt-Köpenick
12555 Berlin
Tram Rathaus Köpenick, Bus

Die Autoren

Armin Gewiese, geboren 1949, arbeitete nach dem Studium der Verkehrswissenschaft und anschließender Promotion zu einem Thema der Binnenschifffahrt als Hafenplaner und Logistiker. Heute ist er freier Fachjournalist für Schifffahrt, Häfen, Logistik und Wassertourismus.

Ulrike Dömeland, geboren 1964, studierte Transporttechnologie und arbeitet heute als Hafenplanerin und Logistikerin. Daneben schreibt sie für Zeitschriften der Verkehrswirtschaft zu den Themen Wasserstraßen, Schifffahrt, Logistik und Umschlagtechnik.

Abbildungsnachweis

Förderverein Berliner Schloss/eldaco S. 48
Fotolia.com S. 40 (Anna Reich), 56 (kentauros), 64 (AW photography), 84 (vvoe), 114 (babelsberger) , 116 (babelsberger), 121
Friedrich, Uwe S. 16, 36, 42, 46, 47, 50, 52, 53, 54, 57, 58, 59, 60, 68, 69, 71, 74, 77, 79, 80, 81, 83, 93, 95, 100, 135, 136
Gewiese, Armin/ Dömeland, Ulrike 8, 10, 11, 15, 17, 18, 20, 21, 22, 23, 24, 26, 27, 28, 30, 32, 33, 34, 35, 37, 38, 39, 41, 44, 45, 47, 49, 50, 41, 62, 63, 65, 66, 72, 73, 75, 76, 78, 82, 83, 86, 88, 89, 90, 92, 94, 96, 91, 98, 99, 102, 103, 104, 105, 107, 108, 110, 111, 119, 123, 124, 125, 127, 128, 130, 131, 132, 133, 134, 135, 136, 137, 138, 139, 142
Keitel, Helmut/Arena Berlin S. 31
Krüger, Ulrich S. 120, 122, 126
typegerecht berlin Karte S. 12/13
Verlagsarchiv S. 115, 117
Wikipedia S. 61, 70, 106, 112, 113, 118

Brandenburg entdecken!

Feix / Topp / Zagolla / Zimmermann

Brandenburg auf dem Wasser

Die schönsten Ausflüge mit Dampfer, Kanu, Hausboot & Co

160 S., Pb., 14 €

ISBN 978-3-86124-687-9

Brandenburg ist ein Eldorado für alle, die Ausflüge auf dem Wasser lieben. Dieses Buch versammelt 70 begeisternde Ideen – für Aktive und für Erholungssuchende, für Familien und Senioren, für passionierte Wassersportler, Kulturbegeisterte und Genießer. Zahlreiche Tipps und Vorschläge für weitere Aktivitäten und Entdeckungen »auf dem Festland« runden die Kapitel ab und machen schon beim Lesen Lust auf den nächsten Ausflug.

Robert Zagolla

Brandenburg mit Kindern

Der Familien-Ausflugsführer

240 S., Pb., 14 €

ISBN 978-3-86124-670-1

Wer mit Kindern unterwegs ist, stellt besondere Ansprüche an seine Ausflugsziele. Ob spaßig, lehrreich oder aufregend – Brandenburg hat viel zu bieten: Vom Museumsdorf bis zur Westernstadt, vom Kletterpark bis zur Sommerrodelbahn, vom Kinderbauernhof bis zur Draisinenfahrt …

Dieser Ausflugsführer beschreibt eine Fülle von Aktivitäten für die ganze Familie (mit Kindern von 4 bis 14 Jahren) und bietet alle notwendigen Informationen – von Öffnungszeiten und Eintrittspreisen bis hin zu Größen- und Altersbeschränkungen.